CHICHARITO

CHICHARITO

LA HISTORIA DE JAVIER HERNÁNDEZ

CHARLES SAMUEL

Vintage Español
Una división de Random House, Inc.
Nueva York

PRIMERA EDICIÓN VINTAGE ESPAÑOL, MAYO 2012

Copyright de la traducción © 2012 por Ariadna Molinari Tato

Fotografías de interiores © Getty, excepto la de la p.63 y la inferior en la p.114, © Paul Smith.

Información de catalogación de publicaciones disponible en la Biblioteca del Congreso de los Estados Unidos.

Vintage ISBN: 978-0-345-80245-3

www.vintageespanol.com

Chicharito. La historia de Javier Hernández, de Charles Samuel se terminó de imprimir en abril de 2012 en Quad/Graphics Querétaro, S.A. de C. V., Fracc. Agro Industrial La Cruz El Marqués Querétaro, México.

ÍNDICE

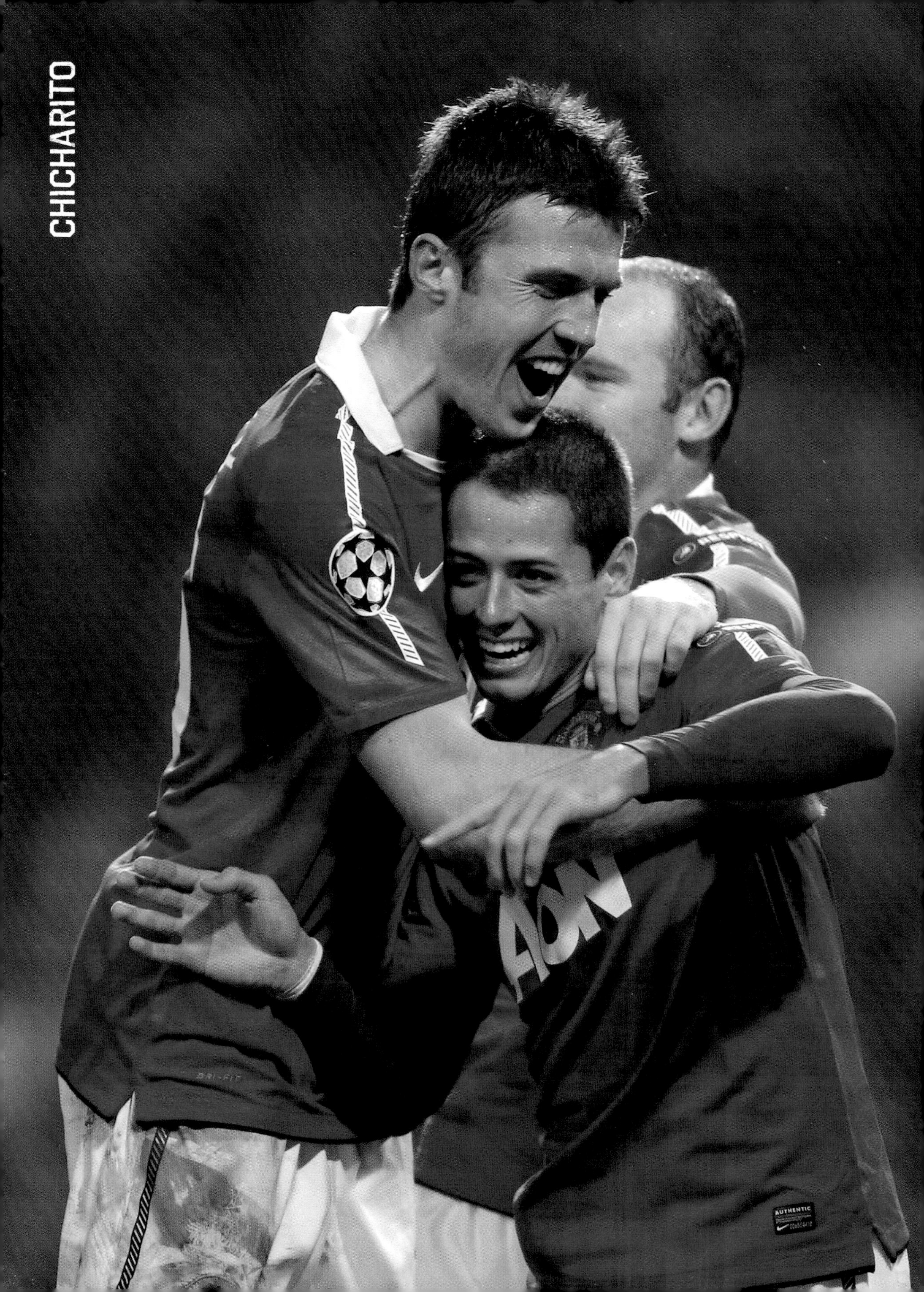

INTRODUCCIÓN

Old Trafford, Manchester, 8 de mayo de 2011. El Manchester United está por enfrentarse como local al actual campeón, el Chelsea, en un encuentro crucial de la liga inglesa.

En la portada del *United Review* —el programa oficial del partido— se muestra a Javier Hernández, Chicharito, anotando en casa el fantástico gol de la victoria en el encuentro anterior contra el Everton. Tras marcar, el joven, con el número 14 del United, echa a correr en actitud de celebración y, sonriente, levanta el escudo del equipo en su camiseta roja, con el dedo índice en alto. ¿"Número uno"? ¿"Primero"? Sólo él sabe.

Aunque todavía es la primera temporada en Old Trafford del primer mexicano en el United, ha superado todas las expectativas. Él mismo había afirmado que sólo esperaba jugar unas cuantas veces en lo que se acostumbraba a su nuevo equipo y a las demandas físicas de la Premier League. El entrenador, sir Alex Ferguson, estaba de acuerdo. Pero Hernández ha logrado convertirse en un favorito de los aficionados con una serie de definiciones cruciales para el United. Cuando la afición hace un recuento de los momentos más sobresalientes de la temporada 2010-2011 destaca varios de los goles de Hernández como puntos culminantes. Estuvo su vital anotación en Valencia, sus dos goles en Stoke contra el Blackpool y West Brom como visitante, contra el Marsella en casa... La lista continúa, lo cual no sorprende, pues en la temporada anotará 20 goles. Pero hoy juega contra el Chelsea en casa.

"He platicado con mis compañeros acerca de cómo prepararnos para esta temporada", declaró hace una semana. "Se trata de estar tranquilos, concentrarnos en el objetivo del momento y creer en lo que estamos haciendo."

La mayoría de los aficionados del United creen en él y, lo que es crucial, también su entrenador. Hernández ha pasado de estar en la banca a convertirse en un goleador de primera clase, junto con Wayne Rooney, en los encuentros más importantes. Y el partido contra el Chelsea en Old Trafford es decisivo, en particular porque el United perdió puntos contra el Arsenal en el juego anterior, mientras que el Chelsea disfruta de una gloria tardía.

Ferguson opina que "el Chelsea es un gran adversario con mucha experiencia; llevo meses afirmando que son la principal amenaza a nuestras esperanzas de ganar el campeonato".

El Chelsea no cederá con facilidad el título, y su deseo de revancha contra el United es doble, puesto que lo descalificó de la Champions League y evitó que Román Abramóvich realizara su sueño un año más.

John Terry, capitán del Chelsea, emite lo que los tabloides describirían como un "grito de batalla" cuando alega que su equipo puede vencer al United en Old Trafford y arrebatarle el título. Tiene muchas razones para estar confiado; el Chelsea derrotó al United como local en la liga y fue el último equipo en vencerlo en Old Trafford hace un año, victoria que no hizo más que asegurarle el título.

El periodista que cubre al Chelsea para el *Ealing Gazette* piensa que la victoria del año anterior se repetirá en éste, al tiempo que los aficionados del United que fueron

entrevistados para el programa seleccionan a quien creen que será el hombre clave del partido. Entre los seis entrevistados, los nombres mencionados son Rooney, Park, Valencia, Giggs, Ferdinand y Nani, mientras que Gary Neville señaló a Ferdinand, Vidić y Edwin van der Sar, el guardameta, el cual se encuentra en la recta final de una extraordinaria carrera.

Treinta segundos después de la patada inicial se hace evidente quién es el hombre del momento dentro del United, cuando Chicharito recibe un pase de Park, quien a su vez obtuvo el balón de Giggs en la media cancha. Estos incisivos pases han partido al Chelsea por la mitad. He aquí el United con su mejor ofensiva, y los Azules no pueden lidiar con ella. El defensa David Luiz, quien recibió reseñas un tanto exageradas tras su actuación contra el United en un partido previo de la liga, debió interceptar el balón de Park. Mas no lo hizo. Hernández está a la espera y, tras un leve movimiento de hombro, finta a Petr Čech y hace un disparo con el pie derecho hacia la portería, a una distancia de casi 15 metros. Es la mayor longitud desde la cual el mexicano ha anotado un gol para el United.

Quedan sólo 36 segundos en el reloj y Old Trafford enloquece. El Chelsea está devastado y el United, eufórico, mientras el estadio hace erupción como nunca durante la temporada.

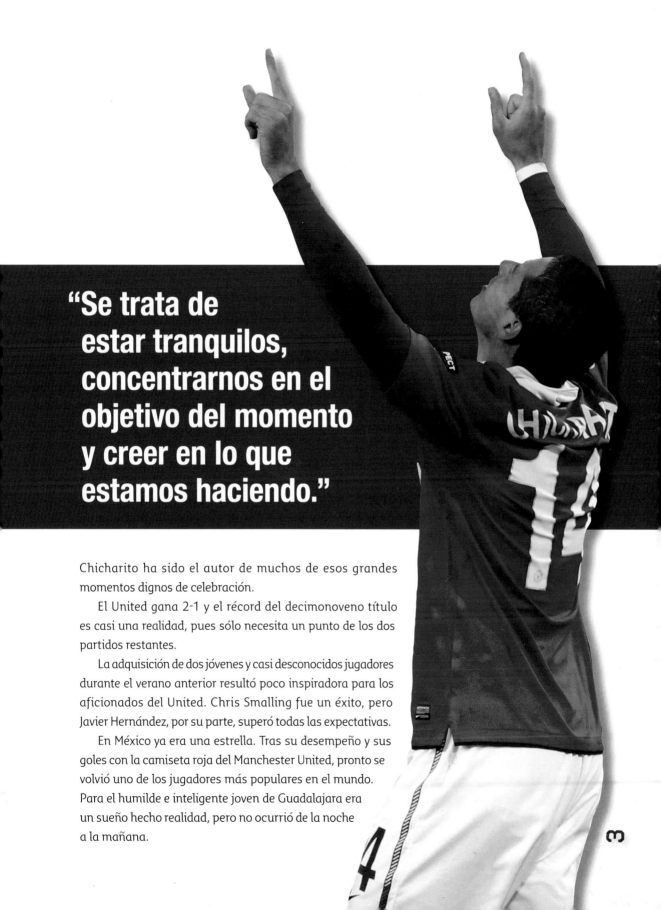

"Se trata de estar tranquilos, concentrarnos en el objetivo del momento y creer en lo que estamos haciendo."

Chicharito ha sido el autor de muchos de esos grandes momentos dignos de celebración.

El United gana 2-1 y el récord del decimonoveno título es casi una realidad, pues sólo necesita un punto de los dos partidos restantes.

La adquisición de dos jóvenes y casi desconocidos jugadores durante el verano anterior resultó poco inspiradora para los aficionados del United. Chris Smalling fue un éxito, pero Javier Hernández, por su parte, superó todas las expectativas.

En México ya era una estrella. Tras su desempeño y sus goles con la camiseta roja del Manchester United, pronto se volvió uno de los jugadores más populares en el mundo. Para el humilde e inteligente joven de Guadalajara era un sueño hecho realidad, pero no ocurrió de la noche a la mañana.

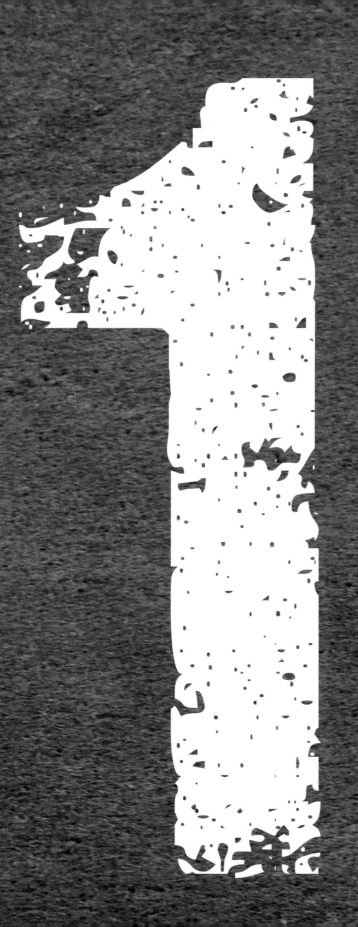

LOS PRIMEROS AÑOS

los primeros años

México debe a los británicos la introducción del futbol a finales del siglo XIX. Los mineros de esa nación establecieron el primer club en el país, el Pachuca Athletic Club, en 1900. Pachuca jugaría contra otros clubes con nombres ingleses similares: Athletic, British Club, Reforma Rovers y Mexico City Cricket Club. Todos tenían sede en o cerca de la ciudad de México, donde se estableció una gran comunidad británica.

Guadalajara, la segunda metrópoli más grande del país, está a más de quinientos kilómetros de la ciudad de México. Su primer club de futbol, el Unión, se formó en 1906, y posteriormente cambió su nombre a Club Deportivo Guadalajara, equipo para el cual jugaría Javier Hernández, décadas después.

Buena parte de los inmigrantes británicos abandonaron México durante la Primera Guerra Mundial, por lo que el futbol mexicano empezó a ser dominado por los hispanohablantes. El juego se volvió cada vez más popular y la concurrencia se incrementó de manera sostenida: se hizo costumbre que asistieran multitudes de miles y hasta de decenas de miles.

De los gigantes del futbol mexicano actual, el Club América se fundó en 1916 y el Cruz Azul en 1927. La introducción del futbol profesional ocurrió en 1943. Y un partido destacó entre los demás: América contra Guadalajara, conocido como "el Superclásico". Es un encuentro entre los clubes más grandes y exitosos, equivalente al Manchester United contra Liverpool, en Inglaterra, o al Barcelona contra Real Madrid, en España.

El abuelo de Chicharito, Tomás Balcázar, nació en Guadalajara en 1931, en una época en que la ciudad se expandía a gran velocidad para convertirse en uno de los principales centros industriales y en una de las urbes más prósperas de Latinoamérica. Tomás, sin embargo, no nació en el seno de una familia acomodada.

"Nací en una familia muy pobre en el barrio de Mexicaltzingo, en Guadalajara —recuerda—. Éramos gente muy humilde, y todo lo que tengo ahora lo obtuve gracias

CHICHARITO

"Nací en una familia muy pobre en el barrio de Mexicaltzingo, en Guadalajara. Éramos gente muy humilde, y todo lo que tengo ahora lo obtuve gracias al futbol. Jugar me permitió tener cosas, luego casarme y después tener seis hijos. Todos ellos tienen títulos profesionales."

Tomás Balcázar

el futbol. Jugar me permitió tener cosas, luego casarme y después tener seis hijos. Todos ellos tienen títulos profesionales."

Conocido entre los aficionados como Tommy, era un goleador que comenzó jugando para el Nacional de Guadalajara, un equipo no profesional, para después unirse a las Chivas, donde jugó durante una década, entre 1948 y 1958. A los 22 años representó a México en la Copa Mundial de 1954, en Suiza.

Tomás jugó los cuatro partidos de clasificación contra Estados Unidos y Haití, tanto en casa como de visitante. México obtuvo cuatro victorias, anotó 19 goles y recibió sólo uno. Los cinco goles que marcó Balcázar lo llenaron de confianza, al tiempo que la selección nacional cruzaba el Atlántico para participar en la Copa Mundial.

Por desgracia, México perdió los encuentros en la fase de grupos contra dos fuertes oponentes. Primero fue derrotado 5-0 por Brasil y luego 3-2 contra Francia. Los franceses llevaban una ventaja de dos anotaciones, pero México igualó el marcador 2-2, cuando Tomás anotó el gol del empate en Ginebra.

Un gol de último minuto del legendario Raymond Kopa le dio a Francia la victoria. Cincuenta y seis años después, el nieto de Balcázar metería un gol en un partido contra Francia, también a la edad de 22.

Tomás disfrutó la experiencia de viajar a Europa como seleccionado, pero sin duda su mejor desempeño fue con las Chivas, equipo con el que ganó el campeonato en 1957 —el primero de siete en nueve años—. A Tomás se le reconocía por ser un experto cabeceador. Pero Balcázar y su nieto no serían los únicos en la familia que jugarían para la selección mexicana.

México fue la sede de dos copas mundiales, en 1970 y en 1986. El estadio Azteca, donde se jugaron ambas finales, tenía capacidad para 114 500 personas y era el más grande del mundo. Durante el mundial de 1986 se acuñó el término "ola", el cual describe el movimiento de los fanáticos cuando, durante el partido, se ponen de pie y levantan los brazos simulando una onda.

En 1986, por segunda vez en su historia, la selección nacional llegó a cuartos de final. Entre sus filas se encontraba Javier Hernández Gutiérrez. Por desgracia, Chícharo —apodado así por sus ojos verdes—, con el número 19, no jugó ninguno de los cinco partidos hacia los cuartos de final, antes de que México perdiera en penaltis contra Alemania Federal.

Javier Hernández Gutiérrez, nacido en Guadalajara en 1961, fue un mediocampista que disfrutó de una carrera profesional fructífera durante casi dos décadas, sobre todo para el club de futbol Estudiantes —mejor conocido como Tecos—, que en 1994 se convirtió en campeón de la liga mexicana.

En Guadalajara hay tres grandes equipos profesionales: Chivas, Atlas y Tecos, el primero de los cuales es el más popular, pues ostenta más títulos que cualquier otro

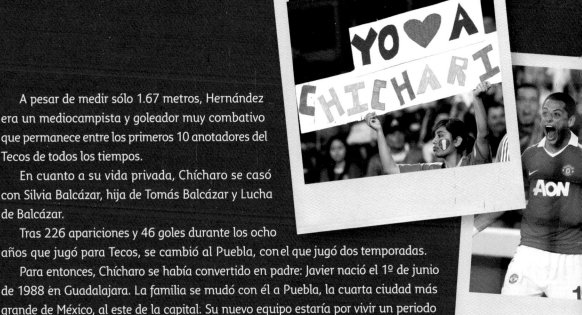

A pesar de medir sólo 1.67 metros, Hernández era un mediocampista y goleador muy combativo que permanece entre los primeros 10 anotadores del Tecos de todos los tiempos.

En cuanto a su vida privada, Chícharo se casó con Silvia Balcázar, hija de Tomás Balcázar y Lucha de Balcázar.

Tras 226 apariciones y 46 goles durante los ocho años que jugó para Tecos, se cambió al Puebla, con el que jugó dos temporadas.

Para entonces, Chícharo se había convertido en padre: Javier nació el 1º de junio de 1988 en Guadalajara. La familia se mudó con él a Puebla, la cuarta ciudad más grande de México, al este de la capital. Su nuevo equipo estaría por vivir un periodo de gloria en su historia. Con la ayuda del mediocampista, el Puebla se coronó como Campeonísimo, al ganar tanto la copa como su segundo título de la liga en 1990 tras vencer a la Universidad de Guadalajara. Es como si Ryan Giggs se uniera al Chelsea y lo ayudara a ganar la liga y la FA Cup a expensas del Manchester City.

El Puebla y la UdeG se enfrentaron en los partidos de ida y vuelta de la final de la liga. Hernández estuvo entre los goleadores que le concedieron la victoria a su equipo en el encuentro de vuelta, presenciado por una audiencia de 60 000, un récord para el futbol poblano. La escuadra se coronó como el cuarto Campeonísimo en la historia del futbol mexicano, al lograr el doblete.

Chícharo tenía 29 años y estaba en la cima de su carrera, pero no jugó en la Copa Mundial de 1990 porque el Tri fue sancionado con la prohibición de participar en alguna competencia durante dos años, debido a que incluyó a jugadores que superaban el límite de edad en un partido de la Copa Mundial Sub-20. La selección mexicana utilizó a cuatro integrantes de más de 20 años en un torneo para calificar al campeonato mundial, y el castigo implicó que jugadores legendarios, como Hugo Sánchez, no acudieran a Italia '90.

A principios de la década de 1990, el Puebla pasó por momentos difíciles, ya que fue relegado debido a ciertas irregularidades y el presidente del club enfrentó cargos legales. Chícharo regresó a jugar con Tecos una segunda temporada, y su creciente familia se mudó con él a Guadalajara.

En 1995, Chícharo se unió al Club Atlético Morelia, el último equipo de su carrera profesional. La familia tuvo que mudarse de nuevo 250 kilómetros al sureste de Guadalajara. El Morelia había sido comprado por una televisora y deseaba convertirse en una de las principales fuerzas del futbol mexicano. Aunque Chícharo se desempeñó bien, incluso fue llamado a jugar dos partidos para la selección nacional, no repitió el éxito obtenido con el Puebla. Se retiró en la temporada 1998-1999, año en el que el Manchester United consiguió el triplete, pero siguió dedicado al futbol como entrenador.

Chicharito siempre menciona a su padre como uno de sus ídolos.

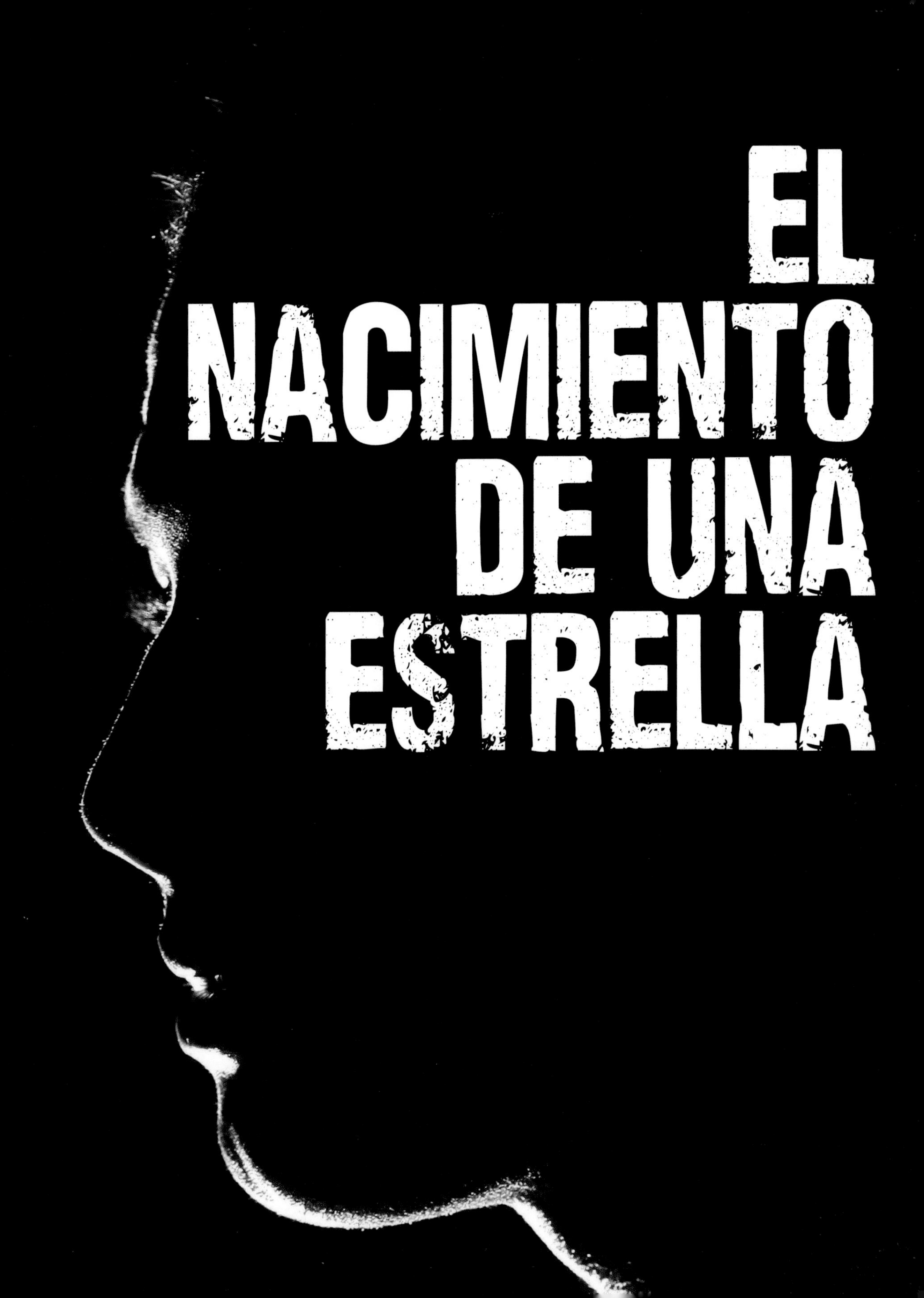

EL NACIMIENTO DE UNA ESTRELLA

el nacimiento
de una estrella

Las esperanzas futbolísticas de la familia estaban ahora en Javier hijo. No los decepcionaría, pero su talento tardaría en brillar.

Cuando tenía dos o tres años comenzó a patear balones, pero aún a la edad de siete no se veía con claridad si había heredado los genes deportivos de la familia.

Más tarde su padre declararía: "Nunca pensé que lograra convertirse en un jugador profesional. Nunca pensamos que llegaría a la primera división, pero poco a poco comenzó a madurar y cerca de los 15 vimos un cambio en él. Cuando su meta fue convertirse en futbolista profesional, lo apoyamos, pero dependía de él. Sin importar qué decidiera, estábamos ahí para ayudarlo".

"Desde pequeñito era muy inquieto —recuerda su abuelo—. Solíamos ir al terreno que teníamos frente al aeropuerto y jugábamos breves partidos de futbol. Solía jugar con nosotros, los más grandes, y por medio de barridas nos robaba el balón. Veíamos que le gustaba el futbol porque se le había inculcado desde la cuna."

Javier entró a las fuerzas básicas de Chivas a los nueve años, para después jugar en el Chivas Coras, un equipo de primera división A. En el colegio era un buen estudiante, aunque en una ocasión se metió en problemas por lanzarle una bomba de humo a un profesor. Después admitiría que ésa fue su peor travesura.

Por tratarse del hijo de un ex jugador de talla internacional, había un importante interés de la prensa en Javier. Aunque para entonces no había debutado como profesional, afirmaba que "siempre he sido conocido como Chicharito por ser hijo de mi padre".

En mayo de 2005, durante la entrevista titulada "Siguiendo el ejemplo de Chícharo", el periodista le preguntó a Chicharito si también jugaba como su padre. Entonces ocupaba la posición de extremo derecho y su respuesta fue contundente: "No. Me falta mucho camino por recorrer antes de poder compararme con él". No sólo fue la

"Nunca pensé que lograra convertirse en un jugador profesional. Cuando su meta fue convertirse en futbolista, lo apoyamos, pero dependía de él. Sin importar qué decidiera, estábamos ahí para ayudarlo."

respuesta correcta, sino que también mostró humildad. Desde el principio, Chicharito ha sido cuidadoso y ha mostrado madurez en las entrevistas.

La mayor parte de los jugadores profesionales suelen hablar sobre lo poco que les interesaba la escuela, porque su principal sueño en la vida era dedicarse al futbol. Aunque tengan éxito en su carrera deportiva, a la larga les genera pesar, pero la postura de Javier siempre fue mucho más equilibrada. Continuó sus estudios en administración de empresas en la Universidad del Valle de Atemajac, siguió viviendo con sus padres y en varias entrevistas declaró que contaba con que su familia lo ayudara a mantener los pies en la tierra. Casi a diario comía con su abuelo, e incluso cuando ya se había vuelto una estrella afirmaba: "Quiero que la gente me siga tratando igual. Deseo disfrutar las cosas hermosas, como cuando la gente me reconoce en la calle. Pero no quiero que las cosas cambien demasiado".

Cuando se le preguntó sobre sus aspiraciones en el futbol contestó: "En primer lugar, deseo jugar en el equipo de primera división [de las Chivas], ganarme mi lugar y luego ser convocado para la selección nacional. Después de eso podría empezar a pensar en jugar en Europa y en participar en la Copa Mundial, como mi papá y mi abuelo. Sólo entonces podría aspirar a superar sus logros, que sin duda son impresionantes".

Comenzó a irle bien, por lo que en 2005 fue convocado para jugar en el campeonato mundial FIFA Sub-17 en Perú —el cual ganaría México tras vencer 3-0 a Brasil en la final—, pero una lesión le impidió participar. A su corta edad ya empezaba a familiarizarse con los altibajos característicos del futbol.

Al siguiente año debutó con las Chivas en un partido en casa contra el Necaxa. Seis años antes, el Manchester United había empatado contra el Necaxa en la Copa Mundial de Clubes de la FIFA en Río de Janeiro. Pero en este encuentro de la liga mexicana el Necaxa sería derrotado por la futura estrella del United, quien anotó un gol a los cinco minutos de entrar a la cancha, con un marcador final de 4-0.

Hernández entró en lugar de Omar Bravo, el goleador mexicano de talla internacional con una trayectoria que llamaría la atención del Deportivo de La Coruña, al que sería transferido en 2008. Sabía que entraría a la cancha en el minuto 82 y comenzó a calentar, para después encomendarse a Dios antes de cruzar la línea de banda. Al preguntársele si realizaba algún tipo de ritual previo al partido respondió: "Antes de cada juego me arrodillo y le pido a Dios que me cuide y que las cosas salgan bien".

Tan sólo cinco minutos después anotó su primer gol como jugador profesional. Describió su presentación de la siguiente forma: "Fue mi primera vez en todo. Mi debut con el equipo, mi primera vez en la banca, mi primer partido y mi primer gol".

Con respecto a la anotación comentó: "Tras el partido me fui directamente con mi padre y mi familia. Lloraban de felicidad. No sabía bien cómo celebrar, pero todos estaban muy contentos".

Chicharito siempre ha hecho énfasis en la importancia que tiene el apoyo de su familia. "Siempre lo hemos apoyado de forma absoluta e inequívoca —ha dicho su abuelo

Tomás—. Por lo regular, lo esperábamos al final de los partidos de las Chivas en la puerta del vestidor y lo primero que nos preguntaba era qué pensábamos de su desempeño. Bueno, para nosotros nunca ha jugado un partido perfecto. Le decíamos: 'Jugaste bien, pero te falta un poco de esto y de aquello, y en aquella jugada en la que decidiste hacer eso pudiste haber hecho algo diferente'. En otras palabras, siempre tratábamos de ayudarlo a mejorar, porque si le dices que lo está haciendo todo bien no progresará. Habría sido muy fácil sólo decirle que su desempeño era maravilloso todo el tiempo."

Su padre recuerda que "a veces, después de los partidos de Chivas, no se regresaba con el equipo en el autobús. Prefería ir en el auto conmigo para que hiciéramos un repaso del partido y discutiéramos con detalle los principales incidentes".

Chicharito tuvo otras seis apariciones durante la temporada, sin hacer una sola anotación. Aunque Chivas ganó el torneo de Apertura, Javier estaba lejos de ganarse la titularidad.

Como se sabe, el futbol mexicano de primera división se divide en dos torneos: el de Apertura, de agosto a diciembre, y el de Clausura, de enero a junio.

En la temporada 2007-2008 Chicharito participó apenas en cinco partidos del equipo de primera división, siempre como sustituto. Jugó sólo 103 minutos, sin hacer anotación alguna. Tres de estas apariciones fueron en encuentros de la Copa Libertadores, que es el equivalente sudamericano de la Champions League. Aunque México se localiza en América del Norte y pertenece a la Concacaf, sus principales clubes de futbol se encuentran entre los mejores de esa región y de Centroamérica, por lo que su participación en un torneo para clubes de Sudamérica tiene el objetivo de elevar la calidad de la competencia.

"Tras el partido me fui directamente con mi padre y mi familia. Lloraban de felicidad. No sabía bien cómo celebrar, pero todos estaban muy contentos."

Sin embargo, a Chicharito no le faltó futbol en 2007. En ese año representó a México en la Copa Mundial FIFA Sub-20 en Canadá y su desempeño aumentó su fama. También fue detectado por primera vez por el radar del Manchester United. En las copas mundiales Sub-20, celebradas cada dos años, suele haber cazatalentos. Aunque los principales jugadores ya tienen contratos con clubes importantes, si hay alguno muy sobresaliente a la vista éstos pagarán cantidades considerables por él.

En la Copa Mundial Sub-20 anterior, disputada en el verano de 2005, Lionel Messi fue por mucho el mejor jugador del torneo al coronarse como el mayor goleador con seis tantos anotados en los siete partidos que llevaron a Argentina a la victoria. El contrato que tenía como jugador de reserva del Barcelona, con valor de 120 000 euros,

se incrementó a 3.6 millones de euros al año. Demostró que destacaba entre los mejores jugadores de su edad y eso permitió que el Barça le prestara mayor atención al joven prodigio que ya tenía entre sus filas.

En 2007, en Canadá, México se posicionó como primer lugar de su grupo con tres victorias al hilo y fue el único de los 24 finalistas con un récord de 100%. Hernández empezó la Copa en la banca, durante el partido de apertura contra Gambia, pero no tardó en destacar tras sustituir a Giovani dos Santos —quien entonces jugaba para el Barcelona— en el minuto 85. Tres minutos después anotó un gol desde el área chica.

Chicharito no participó en el siguiente encuentro, que le ganó México 2-1 a Portugal, pero el número 11 jugó los 90 minutos del último partido de la fase de grupos, cuando su selección obtuvo una victoria de 2-1 contra Nueva Zelanda, en Edmonton.

En octavos de final México venció a Congo 3-0, pero Chicharito sólo entró a jugar en el último minuto. No era de forma alguna la primera opción como goleador ni participaría durante el resto de la competencia, al quedarse en la banca mientras México perdía en Ottawa el partido de cuartos de final 1-0 contra Argentina, que sería el campeón de la Copa. Se trató del duelo más difícil para Argentina y Sergio Agüero se levantó como su jugador más destacado, al ganar tanto la Bota de Oro al mayor goleador —con seis tantos— como el Balón de Oro al mejor jugador del torneo. Fue la quinta victoria para Argentina durante los últimos siete torneos, aunque con integrantes como Agüero y Ángel di María no hubo sorpresa alguna.

Por ser un jugador que había pasado más tiempo en la banca que en el campo y pertenecer a una selección nacional Sub-20 que no es considerada de las mejores del mundo, Chicharito no se perfilaba como favorito para convertirse en el futuro goleador del Manchester United. Mientras que la llama de Giovani dos Santos en el Barça no brillaría por mucho tiempo, a Hernández le llegaría su oportunidad y su actuación resultaría mucho más impresionante.

Aún había mucha incertidumbre con respecto a su carrera. A finales de 2008, Hernández fue con sus padres y su agente, Eduardo Hernández, a un restaurante en

Guadalajara. La que se supondría que sería una discusión sobre cómo impulsar su carrera se convirtió en una sesión de terapia. Cansado de permanecer en la banca, Chicharito se preguntaba si no sería una mejor opción regresar a la universidad de tiempo completo en vez de ser futbolista. A sus 20 años, no sería mucho mayor que otros estudiantes.

"Dudaba de sí mismo, de su capacidad para jugar en primera división —comentó su padre, Javier—. Como sus padres, le decíamos que fuera paciente, pero la paciencia no es común entre los jugadores jóvenes. Le decíamos que perseverara y que las cosas llegarían en su momento."

Cuando recuerda el momento en que pensaba renunciar, Chicharito afirma: "No tuve muchas oportunidades de jugar en el equipo de primera división de las Chivas, lo que me llevó a pensar: '¿Ésta es la vida que quiero para mí?' No estaba seguro de ser lo suficientemente bueno para triunfar como futbolista. No me veía haciendo otra cosa, pero fueron dos años difíciles en los que dudaba si el futbol era mi destino o incluso si Dios quería que yo jugara. En ese tiempo perdí mucha de mi confianza y alegría, incluso cuando entrenaba.

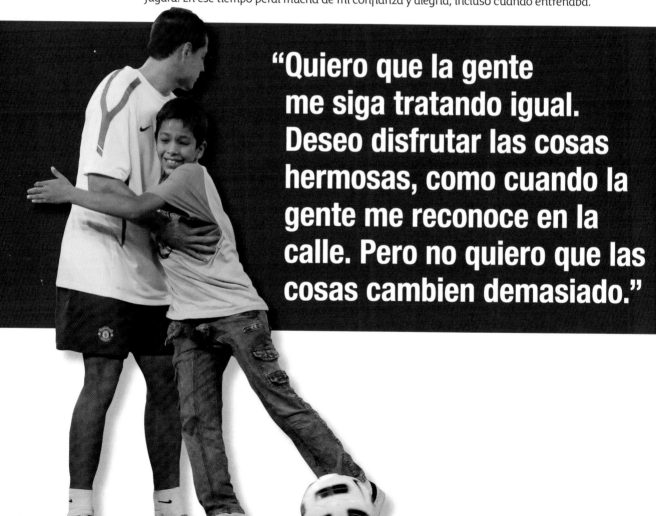

"Quiero que la gente me siga tratando igual. Deseo disfrutar las cosas hermosas, como cuando la gente me reconoce en la calle. Pero no quiero que las cosas cambien demasiado."

"Sin embargo, hablé con mi familia, que me dijo que fuera paciente, me esforzara mucho y disfrutara todo lo que viene con ser futbolista; no sólo los partidos, sino ir a entrenar, descansar y trabajar con los medios de comunicación; todo lo que uno debe enfrentar en esta profesión. Cuando uno juega, debe aprender a aceptar tanto los malos como los buenos tiempos y disfrutar lo bueno. La confianza es parte del futbol."

La paciencia de Chicharito rindió frutos. Se convirtió en jugador regular de las Chivas en el torneo de Apertura 2009, cuando anotó 11 de los 23 goles del club en 17 partidos. Su buena racha continuó durante la Libertadores. En un encuentro contra el Everton de Chile, en febrero de 2009, entró a la cancha en el minuto 66 y marcó dos tantos.

En el torneo de Clausura anotó ocho goles más en nueve partidos. Su versatilidad le permitió adaptarse a jugar al lado de Omar Arellano y Alberto Medina, sus compañeros a la ofensiva: "Últimamente me han ayudado a reforzar mi confianza. He disfrutado de la continuidad que todo jugador necesita en ocasiones para madurar poco a poco, y creo que eso es muy importante".

Los medios se interesaron cada vez más en el nuevo goleador estrella, y resulta sorprendente la forma en que Chicharito lidió con la creciente atención. Cuando un periodista le preguntó con cuál de los dos goleadores de Chivas prefería jugar, podría haberlo tomado desprevenido. Con una sonrisa, respondió: "Me siento muy cómodo jugando al lado de ambos". Ya se caracterizaba por su diplomacia, la cual era necesaria, puesto que su popularidad crecía mes tras mes, además de que ya se expresaba de manera más confiada.

Al preguntársele si Chivas podría ganar tanto el torneo de Clausura 2009 como la Copa Libertadores, respondió: "Podemos ganar ambos. Desde el inicio de la temporada hemos buscado clasificar y volvernos campeones de ambos torneos, y gracias a Dios ya hemos clasificado en uno".

Aunque Chivas no obtuvo el doblete, la popularidad de Chicharito siguió en aumento. Los medios comenzaron a

sugerir que debía ser convocado para jugar con la selección nacional. Debutó con México en un partido amistoso contra Colombia el 30 de septiembre de 2009. Sobre el encuentro, comentó: "El día en que me llamaron para ser parte de la selección mexicana fue el más feliz de mi vida. Estaba muy nervioso, pero portar los colores del Tri fue una experiencia inolvidable".

Su popularidad se disparó a principios de 2010, justo cuando el United comenzó a observarlo de cerca. Anotó siete tantos en los primeros cuatro partidos de la liga para que Chivas encabezara la tabla con cuatro victorias consecutivas. A pesar de ser la sensación del momento, Chicharito se mostraba muy sensato en las entrevistas y elogiaba siempre a sus compañeros de equipo. Afirmaba que mantenía los pies en la tierra: "Agradezco a todos mis compañeros, a los entrenadores, a esta gran institución que me rodea y a mi familia".

Con respecto a su familia, declaraba que su abuelo Tomás era "un ejemplo en su vida, como persona y como futbolista".

También explicaba en las entrevistas que le encantaba el apodo de Chicharito, pero que en casa le decían Javi. Su familia era su más grande

> "El día en que me llamaron para ser parte de la selección mexicana fue el más feliz de mi vida. Estaba muy nervioso, pero portar los colores del Tri fue una experiencia inolvidable."

motivación; su alegría, su mejor cualidad. Mencionaba que el agua era su bebida favorita; Abercrombie & Fitch, su marca de ropa preferida; su perro, un chow chow, su mascota consentida, y Katie Holmes, su actriz predilecta. Decía que Alemania era el país que más deseaba visitar y que Seattle, Nueva York y Cancún eran los mejores lugares en que había estado en su vida. Su auto favorito era el Toyota FJ Cruiser y su sueño era doble: participar en la Copa Mundial y jugar en Europa.

Sobre su equipo de futbol europeo favorito, decía que era el Juventus. Con respecto a si prefería al Barcelona o al Real Madrid, respondía que al Madrid. Y en cuanto al estadio donde más desearía jugar, afirmaba que en el Santiago Bernabéu. Sobre si creía en Dios, afirmaba: "Absolutamente".

El PSV Eindhoven, uno de los principales clubes holandeses que había fortalecido los talentos de Romario y luego de Jaap Stam y Ruud van Nistelrooy, antes de vender a estos últimos al United por una cantidad considerable, se mostraba interesado. En fechas recientes había adquirido a sus compañeros de equipo Carlos Salcido y Francisco Rodríguez, ambos provenientes del sistema de fuerzas básicas de las Chivas.

El Manchester United del 2000 quizá habría esperado a que el PSV fichara al jugador y habría observado su progreso en Europa antes de hacer una fuerte apuesta. Pero el nuevo Manchester United deseaba eliminar a intermediarios como el PSV y asegurarse al jugador en una etapa más temprana de su carrera.

Al preguntársele sobre una posible transferencia a Europa, Chicharito afirmó: "Siempre he dicho que es uno de mis objetivos, uno de mis sueños, y espero en Dios que algún día se haga realidad".

En febrero de 2010 jugó en San Francisco, contra Bolivia, en el primer encuentro de preparación de México para la Copa Mundial. Anotó dos tantos en los primeros 22 minutos y realizó una asistencia, para un marcador final de 5-0.

Hernández regresó al Rebaño Sagrado. Su desempeño siguió siendo notable y se convirtió en la principal estrella de su escuadra, la cual, además de todo, esperaba con ansias mudarse a su nuevo y espectacular estadio en el verano de ese año.

"El Chicharito es un gran ejemplo de perseverancia, dedicación y humildad —afirmaba Pablo López, un acérrimo aficionado de las Chivas—. Es un ejemplo para cualquier jugador en la cancha." Sin embargo, sus días con este equipo estaban por terminar.

Ostentando una gran sonrisa, Chicharito declaró en una ocasión: "Después de un juego de las Chivas, mi padre me dio una tarjeta de presentación con el escudo del Manchester United. Me dijo que esta persona quería hablar conmigo porque estaban interesados en mí. Al ver la tarjeta no podía creerlo".

¿El Manchester United? Chicharito creía que su padre estaba jugando. "Es broma, ¿verdad?" Su padre comenzó a llorar de felicidad. En ese momento se dio cuenta de que su padre hablaba en serio.

"Mi padre no llora muy a menudo —agregó el goleador—. Comencé a llorar también. No podía creerlo. Experimentamos muchas emociones en ese momento. Estábamos eufóricos, queríamos gritar, llorar."

La "persona" que les había dado la tarjeta era ni más ni menos que Jim Lawlor, el jefe de reclutamiento del United.

Lawlor y Martin Ferguson, hermano de sir Alex Ferguson, viajan con mucha frecuencia para observar a los talentos emergentes y a los futuros oponentes del United. Ellos tienen la ventaja de que la mayoría de los periodistas no los reconocen y así pueden trabajar casi en absoluta secrecía.

El ex futbolista mexicano Marco Garcés fue quien recomendó a Hernández con Lawlor. Durante cuatro años estudió una licenciatura en ciencias y futbol en la Universidad John Moores de Liverpool, donde se hizo amigo de Lawlor, quien trabajaba en la universidad antes de unirse al United.

Garcés regresó a México para trabajar con los Tuzos del Pachuca y fue entonces cuando Lawlor le pidió que le recomendara a jugadores mexicanos. (Los Tuzos jugaron junto con el United en la Copa Mundial de Clubes de la FIFA 2008 en Japón.) El nombre de Javier Hernández salió a relucir en septiembre de 2009.

"Le dije que era excelente —afirmó Garcés—, y que aún podía mejorar. Le aseguré que tenía todos los atributos para triunfar en el futbol inglés, y no sólo eso, sino también que venía de una buena familia que le había inculcado los mejores valores. Además, mencioné que ya sabía hablar inglés."

En una entrevista posterior, Garcés afirmó que Hernández le recordaba al gran goleador mexicano Hugo Sánchez.

United envió a un reclutador a observar a Hernández en diciembre de 2009 y el propio Lawlor visitó México durante tres semanas en febrero y marzo de 2010 para hacer una valoración profunda del jugador.

Lawlor y Garcés vieron juntos varios partidos en México. También viajaron a Los Ángeles, ciudad con una importante población de origen mexicano, para presenciar el partido amistoso que México ganó 2-0 a Nueva Zelanda, el 3 de marzo de 2010.

En la aparentemente interminable tribuna de un solo nivel del Rose Bowl, el United observó a su objetivo levantarse de la banca para la segunda mitad, anotar un tanto y fallar otro por muy poco en los primeros 10 minutos.

Fue un gol extraordinario. Chicharito se elevó a una gran altura por encima de la defensa neozelandesa y, suspendido en el aire, anotó con un remate de cabeza hacia

Gol excepcional. Chicharito se elevó sobre la defensa de Nueva Zelanda y flotó en el aire para anotar con la cabeza en la esquina superior derecha. Besó el escudo de México, para el deleite de la inmensa multitud (90 526 pesonas).

el ángulo superior derecho de la portería. Corrió por la cancha besando el escudo de su país, ante la emoción de una gigantesca multitud de 90 526 espectadores. Carlos Vela, del Arsenal, anotó el segundo tanto, pero para Chicharito era el tercer gol en dos juegos internacionales, tras la aplastante derrota de 5-0 contra Bolivia.

"Cuando entró a la cancha era evidente su avidez —aseveró el entrenador neozelandés Ricki Herbert después del partido—. Será una propuesta interesante para el director técnico. Es un jugador fascinante."

El futbol mexicano había encontrado a su nueva estrella y, debido a que era muy maduro para sus 21 años, además de elocuente y telegénico, ni las Chivas ni la Federación Mexicana de Futbol dudaban en ponerlo con frecuencia al frente en las conferencias de prensa.

Como consecuencia del creciente interés por el Chicharito, los periodistas buscaban entrevistar a su familia y a sus ex compañeros de equipo.

"En lo que nos parecemos es en el juego aéreo —declaró con orgullo su abuelo—. Éste es de los que, cuando viene el centro, le calcula bien y brinca una fracción de segundo antes que el defensa. Calculó exactamente en qué momento saltar para ganarle el balón al defensa. Eso es lo que yo hacía. Yo lo vi muy entero, muy completo. Éste ya no es un prospecto, éste ya es una realidad, y una realidad confirmada."

Los elogios no paraban de fluir.

"Uno pensaría que, bueno, es un jugador menudito —agregó el delantero de las Chivas de origen estadounidense, Jesús Padilla, quien jugó con Hernández durante tres años—. Pero hace unos saltos sorprendentes. Es increíble en el aire."

Néstor de la Torre, director de las selecciones nacionales, negó con la cabeza cuando se le preguntó si creía que la atención era excesiva y demasiado pronto: "Estamos hablando de un jugador muy centrado, sencillo —aseguró—. Siempre se ha caracterizado por tener las cualidades de cualquier estrella del futbol mexicano, tanto dentro como fuera de la cancha."

Chicharito regresó a jugar con las Chivas, donde también se consolidó como el mejor goleador mexicano del momento, al apuntarse ocho goles en siete partidos. Todos querían ser parte de la gloria de Chicharito.

"Hace un año, en realidad no existía para nadie —comentó su agente, Eduardo Hernández—. Ahora todos lo buscan: los patrocinadores, la prensa, los aficionados. Tiene una agenda muy ocupada."

En ese momento la presión estaba puesta sobre el entrenador de la selección nacional, Javier Aguirre —ex compañero del padre de Hernández en la Copa Mundial de 1986—, para que lo nombrara titular del equipo que jugaría el Mundial. En principio, Aguirre evitaba hacer comentarios al respecto. Solía responder: "La Copa Mundial es en junio. Todavía estamos en marzo. No sé aún quiénes irán. Se está esforzando igual que todos los demás. Debemos hacer un proceso de selección y elegir a los mejores".

Sin embargo, el entrenador se vio prácticamente obligado a aceptar que Hernández estaba "pasando por un muy buen momento". Era un dilema interesante para un técnico.

Cuando se le preguntó si esperaba jugar en Sudáfrica, Chicharito respondió: "No me quiero adelantar, pues en este punto tengo las mismas oportunidades que los demás. Deberemos esperar".

Chicharito todavía era un desconocido en Europa, pero el United debía hacer su jugada. El jefe de reclutamiento, Jim Lawlor, había visto más que suficiente y estaba convencido de su potencial, del cual le habló a su jefe, sir Alex Ferguson.

"Jim entregó un reporte fantástico sobre el chico, así que la semana pasada enviamos al abogado del club y a Jim para cerrar el trato", declaró Ferguson. El United jugaría su carta para fichar a Javier Hernández antes de que lo hiciera cualquier otro de los gigantes del futbol mundial.

"Cuando uno juega, debe aprender a aceptar tanto los malos como los buenos tiempos y disfrutar lo bueno. La confianza es parte del futbol."

EL CONTRATO CON EL MANCHESTER UNITED

el contrato con el manchester united

Ni siquiera el agente de Chicharito sabía que estaba en la mira del Manchester United. El club inglés trató directamente con el presidente de las Chivas, Rafael Lebrija, y enfatizó que la discreción era fundamental. Si las negociaciones se mantenían en secreto, el United prometía enviar a un equipo a jugar un partido amistoso con las Chivas para inaugurar su nuevo estadio en julio de 2010. Convenientemente, el United ya tenía programado viajar a Houston, Texas, unos días antes para disputar el último partido de su gira norteamericana de pretemporada.

El United prefiere concluir las transferencias de forma reservada, pues siente que la especulación puede elevar el precio de un jugador cuando los agentes o los clubes invitan a otros clubes a la puja. David Gill, director general del United, y sir Alex Ferguson quedaron maravillados con la forma en que Chivas se condujo durante la transferencia: el Guadalajara tendría su partido amistoso sin tener que pagar la tarifa de un millón de dólares que el United suele cobrar.

Como de costumbre, Alex Ferguson estuvo al tanto del proceso. "Lo he estado observando desde octubre de 2009, cuando empezó a jugar regularmente con las Chivas —afirmó el técnico del United—. Lo sorprendente es que hayamos logrado mantenerlo en secreto."

Desde la primera vez que lo vieron jugar para la selección nacional Sub-17, cinco años antes, el United había estado al pendiente de su progreso. Tras su éxito con el equipo de primera división de las Chivas, el United se dio cuenta de que el joven prospecto comenzaba a llamar la atención de otros gigantes del futbol.

Los Red Devils debían hacer su jugada. Chicharito nunca había sido aficionado al United; de hecho, no había mostrado interés alguno en unirse a un equipo inglés. Siempre había expresado su deseo de jugar en Europa, pero sólo había mencionado al Juventus y al Bernabeu, nunca a la Premier League inglesa.

"Aquí Hernández
es la nueva
superestrella."

La familia de Hernández mantuvo la misma discreción. Incluso le dijeron al abuelo de Chicharito, Tomás Balcázar, con quien Javier hablaba todos los días, que se iban de viaje de compras a Atlanta. En realidad, viajaron a Manchester. Chicharito estuvo acompañado por su padre y por su hermana Ana Silvia, así como por su agente.

"Ferguson deseaba reunirse con nosotros, así que mi familia y yo fuimos a comer con él —comentó Chicharito—. Estaba muy nervioso, pero también muy emocionado de reunirme con el mejor entrenador de Inglaterra. Ahora sé a qué se debe su éxito: a que es una persona que va directo al grano.

"Es un hombre extraordinario; causa una gran impresión en la gente, no sólo por sus logros, sino por el tipo de persona que es. Hablamos sobre futbol, nos contó unas cuantas historias, ya sabes, pero fuera de eso no hablamos de muchas otras cosas. Sólo quería reunirse conmigo y mi familia, y conocernos un poco más."

Alex Ferguson tiene un toque muy especial cuando se trata del fichaje de jóvenes prospectos. Sabe lo importante que es la comunicación cara a cara con la familia y usa su abundante y sorprendente encanto personal para conseguir su objetivo.

Chicharito pasó el examen médico y se acordaron los términos personales, aunque nada de esto se hizo público.

Más tarde, Chicharito confesaría: "Se me erizó la piel cuando supe que jugaría para el Manchester United. Ésas son las cosas con que uno sueña. Cuando era niño y veía los partidos en la televisión, fantaseaba con jugar algún día en Europa".

El último partido de Hernández con las Chivas se disputó el 27 de marzo de 2010, en el que ganaron 6-2 en casa contra el Santos. Dos semanas más tarde, los mexicanos viajarían como invitados del United a presenciar la segunda vuelta de cuartos de final de la Champions League 2010 contra el Bayern Múnich.

La primera vez que los aficionados del United supieron del fichaje fue cuando se dio a conocer la noticia, el 8 de abril de 2010. Era un buen día para hacerlo, pues precisamente la noche anterior el United había sido eliminado de la Champions.

> # "Se me erizó la piel cuando supe que jugaría para el Manchester United."

"Presencié ese partido en Old Trafford, y pienso que toda la atmósfera, la forma en que se expresan los aficionados, la manera en que el país vive para el futbol... es muy difícil de describir —relató Chicharito—. Deseaba saltar a la cancha y comenzar a jugar. El apoyo es sorprendente, sin importar si están ganando o perdiendo, y la calidad de los jugadores y de la liga es muy bien conocida.

"El futbol en Inglaterra está mucho más desarrollado que en México, y por la cultura de ese país se trata más de jugar limpio y honestamente. Todos hacen lo mejor que pueden para asegurarse de que haya buen futbol en la cancha. Eso me gusta."

Tras la derrota frente a los bávaros, los aficionados del United estaban un tanto desmoralizados. El ambiente en Old Trafford necesitaba un incentivo, y qué mejor que el anuncio de la nueva adquisición.

"El apoyo es sorprendente, sin importar si están ganando o perdiendo."

La reacción inicial de los Red Devils fue preguntarse: "¿Y quién es él?", pero al poco tiempo la opinión de los aficionados cambió tras buscar en Google el nombre de ese mexicano de tan sólo 21 años y ver videos de los increíbles goles que anotó para Chivas.

Un periodista mexicano les comunicó a los aficionados del United lo siguiente: "Aquí Hernández es la nueva superestrella. Es el mejor goleador de la liga de la segunda mitad de esta temporada, y ha sido uno de los principales goleadores mexicanos de los últimos dos años. Es producto de la famosa cantera de Chivas. Recientemente fue convocado para la selección nacional y en este año ya ha anotado un par de veces en encuentros amistosos. Sin duda, participará en la Copa Mundial.

"Buen definidor, ambidiestro, bueno en el juego aéreo, inteligente y, aunque no es lento, no se caracteriza por su velocidad. Se ve delgado, pero es fuerte, y si aumenta un poco su complexión podrá estar a la altura de las exigencias de la Premier League."

La descripción era prometedora.

Ese día Chicharito habló de la transferencia por primera vez. Se realizó una transmisión vía satélite en vivo desde Old Trafford para México, en la que Chicharito, vestido de traje, informó a los aficionados de Chivas sobre el fichaje y la firma de un contrato por cinco años con el United. Como era de esperarse, se mostró modesto y generoso.

"Estoy muy feliz y agradecido con toda la institución de Chivas —declaró—. Lo único que tengo son palabras de agradecimiento para toda la gente que ha estado a mi lado y a mi alrededor. Seguiré siendo la misma persona. No me consideraré mejor o peor que nadie. Seguiré siendo el mismo chico que conocen.

"Quiero darle las gracias a todos los que me han ayudado a lograrlo. Ahora jugaré con los futbolistas que conozco del Play Station y la televisión. Estoy viviendo un sueño. Le agradezco a Dios estar aquí."

Fue durante esta entrevista cuando su abuelo se enteró de que Chicharito se había unido al United: "Mi hija me dijo que mirara la televisión. Y ahí vi que Javi era miembro del Manchester".

Posteriormente, Chicharito concedió una entrevista a la televisora del Manchester United desde uno de los palcos, en la tribuna principal de Old Trafford, en la que se expresó en un inglés correcto y con una buena dicción: "Todas las impresiones que tengo del equipo y la ciudad (Manchester) son de cosas felices. Estoy viviendo un sueño. Sir Alex Ferguson es una gran persona, quizá el mejor entrenador del mundo".

Algunos pocos aficionados del United lamentaron la contratación porque Hernández no tenía renombre internacional. Otros lo percibieron como una señal del compromiso de Fergie por adquirir jóvenes talentos emergentes, tras la contratación en enero de Chris Smalling, del Fulham. Personajes como Ole Gunnar Solskjær, Nani y Cristiano Ronaldo también eran relativamente desconocidos cuando firmaron con el United, y los tres se convirtieron en leyendas del club.

No se publicó el costo de la contratación y la cifra se trató como "confidencial", aunque se dio a conocer con amplitud que había sido de siete millones de libras (143

millones de pesos), la cual se podría incrementar a 10 millones de libras (205 millones de pesos) según el éxito del jugador. La transferencia también dependía de que a Chicharito se le otorgara un permiso de trabajo. Si todo salía bien, se convertiría en el primer jugador mexicano del Manchester United a partir del 1° de julio de 2010.

"Estoy encantado de que hayamos logrado un acuerdo con las Chivas para traer a un joven goleador tan sobresaliente, quien ha demostrado estar en plena forma tanto para su club como para su selección nacional —afirmó Ferguson—. Será una valiosa adquisición para nuestra escuadra y estamos ansiosos de darle la bienvenida a nuestro primer jugador mexicano este verano. De igual forma, nos emociona jugar nuestro primer partido en México, en la inauguración del magnífico estadio nuevo de las Chivas, en julio."

El United también le generó una impresión positiva al padre de Chicharito. Sobre la reunión con Ferguson, comentó: "Fue sorprendente, increíble. Tomando en cuenta lo exitoso que es, me parece que es un ser humano humilde, y eso llama mucho mi atención. Me causó una buena impresión, ya que he conocido a mucha gente en puestos importantes, pero este caballero se ha ganado mi absoluto respeto. Nunca creí que fuera lo que es: un hombre excepcional".

Chicharito regresó a México para continuar su licenciatura en administración de empresas en la Universidad del Valle de Atemajac. Su vida había dado un giro de 180 grados; hacía apenas un año había considerado cambiar de carrera tras desilusionarse con frecuencia de su desempeño futbolístico. Más tarde reconocería que la "desesperación" era su peor defecto.

La contratación era lógica. El United había recibido fuertes críticas porque dependía demasiado de Wayne Rooney. Tras una lesión, el principal goleador de los Red Devils había regresado a jugar contra el Bayern Múnich cuando era evidente que aún no se recuperaba del todo. Aunque había otros anotadores, como Dimitar Berbatov y Michael Owen, hacían falta jóvenes y prolíficos talentos.

Con respecto a la posibilidad de jugar al lado de Rooney, Chicharito dijo: "Ya me lo puedo imaginar, pero deseo ir paso a paso, puesto que el hecho de estar aquí es por sí sólo un sueño. Primero quiero ganarme mi lugar en la selección nacional. No deseo apresurarme; es mejor ir paso a paso e irme preocupando por las cosas a medida que se desarrolle mi carrera".

Quizá Hernández deseaba tomarse las cosas con calma, pero en este punto ya podía anticipar dos posibilidades fantásticas: participar en la Copa Mundial y jugar para el Manchester United en la Premier League.

En México la reacción fue positiva. Aunque los aficionados de Chivas no querían perder a su mejor jugador, comprendían que era una oportunidad que no podía rechazar. De muchos talentos mexicanos se dice que son lo suficientemente buenos como para jugar en alguna de las principales ligas europeas, pero pocos cumplen su sueño. De los que llegan a cruzar el Atlántico, apenas un puñado es fichado por alguno de los grandes clubes. En los últimos años, la figura mexicana más prominente había sido Rafa Márquez, capitán de la selección nacional y mediocampista y defensa del Barcelona. La transferencia de Márquez en 2010 a Nueva York, equipo en el que militaba Thierry Henry, su ex compañero del Barcelona, implicó que las principales figuras mexicanas en Europa fueran entonces Andrés Guardado, quien jugaba en el Deportivo de La Coruña, y Giovani dos Santos, en el Tottenham.

La afición chiva le deseó mucho éxito a Chicharito.

Rosa Covarrubias, chiva de corazón y periodista deportiva, afirmó: "Nos dio la satisfacción de ser nuestro mejor goleador durante dos temporadas. Fue lo suficientemente bueno como para lograr ser el eje del equipo durante este tiempo y a tan corta edad".

"CH14 [como se le conocía en México] fue un punto de referencia, el abanderado del equipo durante su corta estancia en el Rebaño —agregó Juan Carlos Rubio Beltrán—. Sin duda, era el hombre estrella de nuestra ofensiva."

Algunos de los aficionados conservan la esperanza de que regrese algún día.

"Sembramos la semilla y te vimos crecer —dijo Joaquín Miranda—, y ahora darás frutos en Europa. Esperaremos con paciencia, cuando llegue el momento, tu regreso al lugar al que perteneces... El Rebaño Sagrado. ¡Vamos, Chicharito!"

LA
COPA
MUNDIAL
SUDAFRICA
2010

la copa mundial sudáfrica 2010

Las expectativas en México en torno a la Copa Mundial Sudáfrica 2010 eran inmensas. Al igual que en Inglaterra, la prensa instiga a una población obsesionada con el futbol hacia un estado de frenesí en que ésta realmente cree que hay oportunidad de ganar el torneo, a pesar de que todas las señales indiquen que la selección nacional es una potencia de segundo nivel en el escenario internacional.

"México es un país muy futbolero, y la gente le es muy leal a la selección —declaró el mediocampista Andrés Guardado, la mancuerna de Chicharito—. Saben que tenemos un buen equipo y esperan que los representemos bien. Se espera que califiquemos en la fase de grupos. Así ha sido en los últimos cinco mundiales. Y, una vez que lleguemos a octavos, ¿quién sabe? Esperamos llegar a cuartos o quizá incluso a semifinales."

Cuando se le pidió que señalara a los talentos más prometedores, Guardado contestó con una sonrisa: "Tenemos algunas revelaciones, como Javier Hernández. Creo que sorprenderemos a algunas personas".

Tras disputar su último partido con las Chivas a finales de marzo de 2010, Chicharito firmó contrato con el United. Sus últimos partidos con la selección nacional habían sido en marzo, cuando anotó contra Corea del Norte en un encuentro que México ganó 2-1 y participó en un decepcionante empate a ceros contra Islandia.

Sin embargo, en abril no jugó partido alguno y los únicos encuentros competitivos se limitaban a aquéllos con la escuadra mexicana. El United no quería que su nueva adquisición sufriera una lesión jugando con las Chivas, pero con gusto le permitirían hacerlo para su país. De hecho, les daba mucho gusto, puesto que aún esperaban el permiso de trabajo, que estaba detenido con el argumento de que Chicharito había participado en menos de 75% de los partidos internacionales de México durante los últimos dos años. Ahora sería titular.

Chicharito comenzó a jugar en una serie de amistosos contra Ecuador, Senegal, Angola y Chile en mayo de 2010. No causó impresión alguna en el empate a ceros

"Sentado en
los vestidores,
después del
partido, me
acordé del logro
de mi abuelo,
50 años atrás."

"Tenemos algunas revelaciones, como Javier Hernández. Creo que sorprenderemos a algunas personas."
Andrés Guardado

contra Ecuador, disputado en Nueva York, además de que dejó pasar una buena oportunidad en el minuto siete. Los mexicanos atribuyeron su mal desempeño al hecho de que no habían participado muchos de los jugadores que militaban en clubes europeos; sin embargo, derrotaron a Senegal tres días después. Aunque estuvo cerca, Hernández no anotó. En el tercer amistoso de la semana comenzó el partido en la banca, en una victoria 1-0 contra Angola, en el estadio Reliant de Houston. Jugó los últimos 15 minutos sin anotar, aunque, más que la ofensiva, la prensa destacó que era el cuarto partido consecutivo sin goles en contra de la escuadra mexicana.

El último amistoso que jugó México en casa antes de la Copa Mundial se disputó frente a una audiencia de 93 000 espectadores, en el estadio Azteca, que concluyó con una impresionante victoria de 1-0 contra Chile, que también clasificó a la Copa Mundial. Hernández participó como titular, pero perdió varias oportunidades de anotar. Mandó el balón sobre el arco en la primera mitad y después eludió a dos defensas, sólo para estrellar el balón contra el poste. Esto se volvió un patrón en el proceso por adquirir su estilo de juego internacional. Aun así, México ganó y se mantuvo sin goles en contra frente a un equipo muy bien posicionado en Sudamérica.

La siguiente parada en el camino hacia Sudáfrica fue el estadio de Wembley para un partido amistoso con Inglaterra. Ésta era la primera oportunidad para los aficionados del Manchester United de ver jugar a su nueva adquisición. Chicharito entró a la cancha después del medio tiempo cuando México perdía 2-1. Dos minutos después concedió otro gol, pero lo que el marcador no revelaba era que la escuadra mexicana había sido mejor oponente durante buena parte del encuentro. Aunque Hernández no tuvo mucha posesión del balón, se vio en la oportunidad de mostrar destellos de su talento ante el buen marcaje de Jamie Carragher y Ledley King.

El 27 de mayo sir Alex Ferguson se presentó a una audiencia frente a las autoridades británicas para explicarles por qué creía que debían concederle el permiso de trabajo a Hernández. Sus argumentos fueron convincentes. El United había contratado formalmente a un mexicano por primera vez.

En la víspera previa a la audiencia, Hernández participó en el partido que México perdió 2-1 contra Holanda, equipo que llegaría a la final de la Copa Mundial. Anotó con un cabezazo decisivo hacia abajo, a seis metros de la portería, en el minuto 74, tras recibir un centro de Jorge Torres que pasó por encima de la defensa holandesa. Sin embargo, quien acaparó los reflectores fue la estrella del partido, Robin van Persie, al anotar los dos goles de Holanda frente a 22 000 personas en Friburgo.

Hernández siguió preparándose en el campo de entrenamiento para la selección mexicana en Alemania y el 30 de mayo hizo dos anotaciones en el encuentro contra Gambia que México ganó 5-1. Los goles comenzaron a fluir a medida que incrementaba su experiencia internacional.

El 3 de junio México se enfrentó a Italia, para entonces el campeón del mundo, y lo venció 2-1 en el último amistoso previo al torneo. Que Chicharito fuera titular en ese

duelo parecía prometedor, considerando sus expectativas mundialistas, pero la decepción vino cuando, en el partido de inauguración de la Copa Mundial contra el anfitrión, Sudáfrica, disputado en Johannesburgo, se quedó calentando la banca.

Una audiencia televisiva mundial de más de 500 millones de personas vio cómo México, el número 17 del *ranking* mundial, era superado por un impresionante gol de Sudáfrica, el número 83 del *ranking*. El juego era todo un éxito y no faltaban los elogios para el nuevo estadio, pero México estaba sufriendo cuando entró Hernández, en el minuto 70. Al jugar al fin en un partido del Mundial, Chicharito alcanzaba a su abuelo y superaba a su padre.

Nueve minutos después México igualó el marcador con una anotación de Rafa Márquez. La noche le pertenecía a Sudáfrica, pero el Tri estaba satisfecho con el empate, en medio del hervidero emocional.

Hernández contaba con el apoyo de su familia en Sudáfrica, pues su padre había renunciado a su trabajo como técnico de las reservas de las Chivas al tomar la decisión de seguir a su hijo al Mundial.

La familia viajó a Polokwane para el siguiente partido de México, un encuentro clave contra Francia, finalista del Mundial de 2006. México no había logrado vencer a esta selección en sus seis encuentros previos y Hernández no era titular, pero entró a la cancha en el minuto 55 con un marcador empatado a cero. Nueve minutos después Chicharito alcanzó un pase de Rafael Márquez y evitó el fuera de lugar. Aún le faltaba mucho por hacer, pero esquivó al portero Hugo Lloris y remató con confianza. Había emulado a su abuelo, quien anotó contra Francia en la Copa Mundial de 1954. Otro de los sustitutos mexicanos, Cuauhtémoc Blanco, marcó el segundo gol. Chicharito no ocultaba su felicidad. "Estoy muy orgulloso de haber anotado ese gol, y cuando estaba sentado en los vestidores, después del partido, me acordé del logro de mi abuelo, 50 años atrás", declaró después, radiante.

"Aún no he hablado con él ni con los otros miembros de mi familia, pero sé que todos deben estar muy contentos. Estoy muy feliz de haberme unido al Manchester United y espero con ansias el cambio. Pero ahora estoy 100% concentrado en México y el Mundial, en vencer a Uruguay en el próximo partido y en llegar lo más lejos posible en la competencia."

Chicharito siempre ha expresado amor por su familia. En una entrevista en Sudáfrica le pidieron que describiera qué tipo de persona es cuando está fuera de la cancha. "Alegre, hogareño y relajado", fue su respuesta. En la misma entrevista declaró que su otro deporte favorito es el tenis, que las mexicanas son las mujeres más hermosas del mundo y que el último libro que había leído era la biografía de Thierry Henry. Dijo que su comida favorita eran los plátanos, que su mayor miedo era el fracaso y que la impuntualidad lo hacía enojar.

Los jugadores franceses estaban furiosos por razones distintas a la derrota frente al modesto conjunto mexicano. La debacle de la escuadra ocurrió tras una revuelta de los inconformes, con Patrice Évra, del United, al frente.

En el último encuentro de la fase de grupos, México se enfrentó a Uruguay, que tenía a un ex goleador del United, Diego Forlán, como talismán.

Todo el mundo predijo que un empate habría sido conveniente para ambos equipos, pues les habría permitido pasar a la siguiente fase a expensas de Francia y Sudáfrica. No ocurrió así, pero ésa no fue la única sorpresa: la afición mexicana se quedó estupefacta cuando Hernández se quedó en la banca y Cuauhtémoc Blanco, de 37 años, entró como titular. Hernández se mostró comprensivo; en varias ocasiones previas había descrito a Blanco como el mejor jugador mexicano.

Luis Suárez anotó el único gol del partido y Chicharito no entró a la cancha hasta el minuto 62 para intentar igualar el marcador. No lo logró, pero aun así México pasó a octavos de final. Quedar en segundo lugar del grupo no era una buena noticia, tomando en cuenta las expectativas del equipo: se enfrentarían a una Argentina comandada por Diego Armando Maradona, en la repetición de uno de los mejores partidos de las Copa Mundial de 2006, en Alemania.

Hernández figuró como titular en el partido más importante de su carrera hasta ese momento, frente a 84 377 espectadores, en el estadio Soccer City de la ciudad de Soweto. Se enfrentaría a Lionel Messi, Javier Mascherano, Ángel di María, Carlos Tévez, Juan Sebastián Verón y Gabriel Heinze. Ésta era su oportunidad para triunfar.

Argentina era el favorito para pasar a la siguiente fase, pero México había demostrado ser mejor equipo en los primero encuentros. Carlos Salcido realizó un disparo a casi 30 metros que pegó en el travesaño, seguido por uno de Andrés Guardado desde los linderos del área. Pero el equipo de Maradona tomó la delantera al minuto 25 con un gol que debió haber sido anulado. Messi le dio un pase a Tévez, quien estaba en posición adelantada, cuando de un cabezazo anotó el primer tanto. Los mexicanos tenían razones para estar indignados, por lo que no pararon de protestar hasta el medio tiempo. Se encontraban totalmente enfurecidos y quizá esto fue lo que rompió su concentración, porque no lograron recuperarse de esa pésima decisión de arbitraje y quedaron en una desventaja aún mayor cuando, en el minuto 33, Gonzalo Higuaín anotó el segundo tanto.

Siete minutos después de empezado el segundo tiempo, Tévez elevó el marcador a 3-0, antes de que Chicharito anotara un gol de consolación, en el minuto 71. En una gran jugada, se quitó a Martín Demichelis para luego realizar un potente disparo que venció a Sergio Romero. De cuánta ayuda le habría sido al United unos meses atrás, cuando Rooney se vio obligado a regresar antes de tiempo para enfrentarse al Bayern Múnich y a un Demichelis fuera de forma. Durante el partido contra Argentina, Chicharito corrió a una velocidad de 32.15 kilómetros por hora y se convirtió en el jugador más veloz en Sudáfrica.

Pero todo esto sirvió poco de consuelo, ya que México fue eliminado en las circunstancias más decepcionantes. Sin embargo, el juego de Chicharito había causado una buena impresión y tomó muchas cosas positivas. Para los aficionados del United, Hernández había demostrado su gran nivel y se sentían optimistas. Mientras tanto, la nueva adquisición se tomaría un bien merecido descanso: 2010 seguiría siendo un año lleno de grandes momentos.

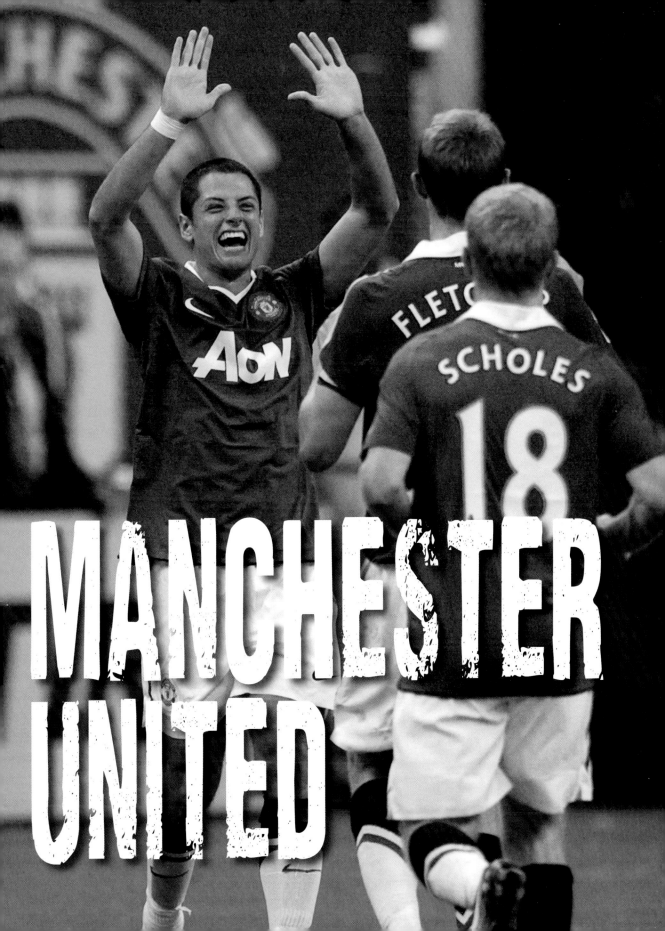

MANCHESTER
UNITED

manchester united

Houston, Texas, julio de 2010. El Manchester United se encuentra en la ciudad petrolera más grande de Estados Unidos para disputar el cuarto partido de su gira norteamericana, después de haber jugado en Toronto, Filadelfia y Kansas. Los jugadores del United disfrutan de un día libre en el centro espacial de la NASA, antes de regresar a su hotel para conocer a un joven vestido de jeans y playera verde. Su nombre es Javier Hernández. Sir Alex Ferguson abraza al mexicano de forma paternal y lo presenta a algunos de los futbolistas de más renombre. Al día siguiente, Hernández entrena con el equipo por primera vez.

CHICHARITO

"Estaba nervioso porque quería triunfar en este equipo."

"Estaba muy nervioso durante el primer entrenamiento en Houston —comentaría después—. Estaba nervioso porque quería triunfar en este equipo. Pero cuando pienso en ese primer día de entrenamiento, recuerdo que lo disfruté mucho."

Al igual que los otros jugadores del United que participaron en el Mundial de Sudáfrica, a Hernández se le dio un periodo de descanso extra, pero estaba ansioso por empezar a jugar con su nuevo equipo. El sentimiento era mutuo y la afición no podía esperar para verlo en acción.

Aunque todavía no había debutado con el United, su nombre ya estaba en boca de todos los aficionados más que el de cualquier otro jugador. Entre la comunidad mexicana que vive en Houston, Chicharito ya era una estrella. Muchos ya lo habían visto jugar con México un par de meses antes, en el gigantesco estadio Reliant.

A pesar del calor asfixiante en el exterior, cientos de espectadores aguardaron durante horas el inicio del partido en los amplios estacionamientos que rodean la casa de los Houston Texans, un estadio techado, de seis niveles, con una capacidad para 71 500 personas.

La mayoría de los entusiastas aficionados que esperaban en el estacionamiento eran seguidores del Houston Dynamo, equipo de la Major League Soccer. El ex boxeador mexicano-estadounidense Óscar de la Hoya es uno de los dueños de esta escuadra.

Después de una sorpresiva derrota en la ciudad de Kansas, el United necesitaba un impulso en el partido que disputaría contra los mejores de la MLS: el MLS All-Star. Los Red Devils tuvieron un buen comienzo, con dos anotaciones de Federico Macheda en los primeros 11 minutos. Si se le hubiera pedido su opinión a cualquier aficionado del United que estuvo presente esa noche, habría elegido a Macheda como delantero antes que a Hernández en cualquier partido en Old Trafford.

Una multitud impresionante de 70 728 espectadores, por mucho la más numerosa en el tour, vio al United superar a los anfitriones en el último partido que jugarían en Estados Unidos como parte de la gira de pretemporada en tres países. El momento más álgido de la noche no fueron las anotaciones de Macheda, sino la aparición de Hernández, quien sustituyó a Nani en el minuto 62 y recibió una inmensa ovación de los miles de mexicanos presentes. Llevaba 22 minutos en la cancha cuando hizo su primera anotación para el United, tras recibir un pase largo de Paul Scholes y hacer un "globito" sobre el portero Nick Rimando desde una distancia de 18 metros, con el que se completó una enfática victoria de 5-2. Era el gol que gran parte del estadio había estado esperando y por el que Hernández no dejó de sonreír durante días. Dedicó una gran sonrisa a todos los aficionados cuando salió de la cancha y a los periodistas en la zona mixta de los pasillos del estadio. Éste era un hombre viviendo su sueño.

Tampoco podía ocultar su alegría en el vuelo de tres horas que llevaría al United directamente a Guadalajara, su ciudad natal. El United visitaba México por primera vez para jugar el partido de inauguración del nuevo estadio de las Chivas, como parte del acuerdo de transferencia de CH14.

Cientos de aficionados esperaban al United en el aeropuerto, pero eran miles los que esperaban a Chicharito. Los jugadores del United ya estaban acostumbrados a ser recibidos en todo el mundo como The Beatles. Lo que no esperaban era que un jugador acaparara casi toda la atención. Ni siquiera David Beckham recibió tanta adulación en su mejor momento.

La mesa directiva de las Chivas también estaba celebrando. El flamante y nuevo estadio Omnilife había sido criticado con dureza en México por los constantes retrasos durante su edificación: ahora habían traído al equipo titular del Manchester United para inaugurarlo.

"En nuestro país, al Manchester United se le considera el mejor equipo, y sé que la bienvenida será fabulosa", predijo Hernández. Y así fue.

Hernández jugaría un tiempo con cada equipo. Inició con los colores de las Chivas e, idóneamente, fue el primer jugador en anotar en el nuevo estadio tras un disparo de zurda que pasó a Edwin van der Sar. Chris Smalling, la otra contratación del United de ese verano, empató, pero en el medio tiempo, cuando Chicharito cambió de playera, las Chivas iban ganando por un gol.

Remplazó a Dimitar Berbatov y jugó con el United durante 15 minutos. Chivas ganó, pero lo importante no era el resultado del encuentro amistoso.

"Su juego fue de primer nivel —declaró sir Alex Ferguson al terminar el partido—. Hizo una maravillosa anotación para las Chivas. Mostró su verdadero talento.

"Siempre tuve la intención de ponerlo sólo 15 minutos de la segunda parte, pues está en proceso de recuperarse del Mundial. Cuando llegue a Manchester tendrá que ponerse en forma y adquirir resistencia, y así podrá jugar más."

La primera semana de entrenamiento de Hernández causó una buena impresión en Ferguson. "Chicharito lo ha hecho muy bien —afirmó—. Todos los jugadores han reconocido sus cualidades y lo bien que define. Creo que hay similitudes entre él y Ole Gunnar Solskjær.

"El equipo le ha demostrado su apoyo y le ha dado una calurosa bienvenida al club. Creo que tiene un gran futuro con nosotros."

"Recuerden que estoy en una liga muy exigente a nivel físico. No soy el más alto ni el más fuerte, así que no tiene caso que trate de competir en esas áreas."

En cuanto a su papel en el United, Ferguson comentó: "La formación 4-3-3 es conveniente en algunos partidos, en especial en Europa, dado que es importante defendernos del contraataque y la posesión del balón.

"Creo que Chicharito puede jugar como delantero nominal; no hay duda al respecto. Lo hizo en el Mundial con México. Sin embargo, existen grandes posibilidades de una mancuerna con Wayne Rooney u otros jugadores."

¿Semejanzas con Solskjær? ¿Mancuernas con Rooney? Estas expresiones sólo despertaban el apetito de la afición del United de cara a la temporada 2010-2011.

A Javier Hernández se le anunciaba como un jugador para el futuro del United. Sir Alex Ferguson no quería que estuviera bajo demasiada presión. No todos los delanteros pueden dar la talla en Old Trafford; incluso Diego Forlán, quien recibió el Balón de Oro como mejor jugador del Mundial 2010, tuvo dificultades para anotar cuando regresó de Sudamérica en 2002. Nada es tan importante como anotar cuando se es delantero, en particular para el Manchester United.

El problema es que los aficionados estaban impacientes por ver a Hernández con la famosa playera roja. Ya sabían de su reputación en México y lo habían visto jugar muy bien en Sudáfrica.

Hernández se mudó a Manchester con su familia en agosto de 2010. Tenía a su madre cerca, quien le cocinaba la comida a la que estaba acostumbrado, y aunque extrañaba su platillo favorito, las milanesas que hacía su abuela, adoptó la que denominó "una actitud positiva".

"Desde el primer día en Manchester decidí que sería una experiencia completamente positiva —declaró—. Eso no quiere decir que no extrañaré México, pero quiero pensar que Manchester es mi segundo hogar."

Su profesionalismo y sus tiros durante los entrenamientos impresionaron a sus compañeros. Por su parte, describió el centro de entrenamiento de Carrington como "perfecto".

"Los entrenadores me han ayudado en todos los aspectos de mi juego y las instalaciones son excelentes —añadió—. El personal está dispuesto a ayudar a los jugadores con lo que necesiten. Nada es demasiado."

Chicharito no estuvo alineado en el equipo que enfrentó al Chelsea en el Community Shield de 2010 en Wembley, en el cual figuraban como delanteros Michael Owen y Wayne Rooney, pero hizo su debut en Inglaterra cuando entró después del medio tiempo y convirtió un balón de Antonio Valencia, en el minuto 75. Ese primer gol fue muy extraño, puesto que, tras patear el esférico, trastabilló y éste lo golpeó en la cara y se desvió hacia la portería. Si no le hubiera dado en el rostro, habría pasado por encima del arco.

"Fue un gol inusual —comentó—. Intenté patear el balón, pero éste se desvió hacia mi cara." Es la marca de un goleador innato, que se evidenció en esa victoria del United 3-1. Sin embargo, lo más interesante fue que hubo un entendimiento instantáneo entre Hernández y Berbatov.

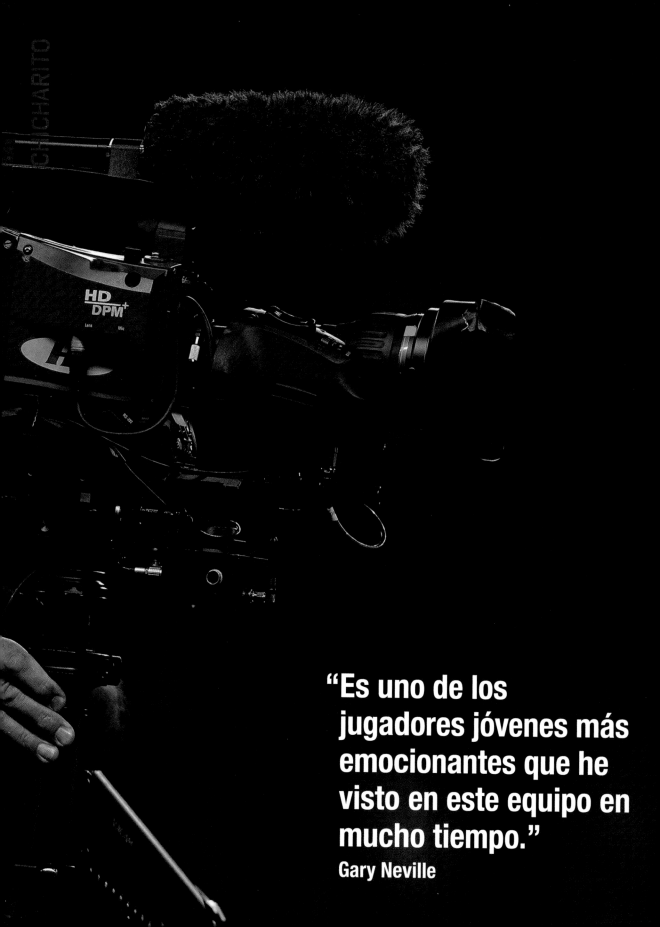

"Es uno de los jugadores jóvenes más emocionantes que he visto en este equipo en mucho tiempo."
Gary Neville

"Javier Hernández entró en el medio tiempo y encendió los ánimos con su energía y su astucia —reportó el periódico *The Guardian*—. El joven mexicano provoca una euforia contagiosa. Su presencia mejoró el tono del encuentro. Aunque falló un tiro después de la oportunidad que le presentó Berbatov, algo indicaba que Chicharito pronto estaría en plena forma. Minutos después, remató el centro de Antonio Valencia contra su propio rostro y el balón rebotó hacia la red. Cuando se tiene, se tiene..."

Al preguntársele, más avanzada la temporada, sobre su habilidad para hacer anotaciones con cualquier parte del cuerpo, respondió: "He tenido algo de suerte con algunos goles. Sólo puedo decir que me da gusto que hayan entrado".

Hernández viajó a México para participar en un encuentro amistoso internacional contra el flamante campeón del mundo, España. Era el primer encuentro de la escuadra ganadora desde el Mundial, organizado para celebrar el bicentenario de la Independencia de México.

España alineó a los titulares, mientras que Chicharito sólo jugó la primera mitad, tiempo suficiente para darle a México la ventaja en el minuto 12, tras recibir un centro de Guardado. A pesar de haber estado sólo 45 minutos en la cancha, los principales periódicos mexicanos lo nombraron "el jugador del partido". David Silva empató en el minuto 90 y evitó la que habría sido una famosa victoria del Tri.

El primer partido en casa de la temporada 2010-2011 de la liga sería contra el Newcastle United. Una de las preocupaciones del equipo era otro delantero, Wayne Rooney, quien no había hecho una sola anotación para el United o Inglaterra en más de mil minutos, mientras que el futuro rol de Michael Owen se hacía más evidente a medida que lo marginaban del equipo.

Rooney hizo mancuerna con Berbatov, pero ésta no causó gran impresión, incluso cuando el United ganó 3-0. Rooney fue sustituido, lo que dio paso a que la dupla Hernández-Berbatov tuviera éxito de nuevo. El mexicano fue ovacionado como un héroe en el minuto 62, cuando salió a la cancha en Old Trafford por primera vez.

Hernández hizo su primera aparición como parte del once inicial contra el Fulham en la Premier League, el 22 de agosto. No anotó en el empate a dos en Craven Cottage, por lo que regresó a la banca para el siguiente partido en casa contra West Ham. Con frecuencia, su abuelo mencionaba en entrevistas que Hugo Sánchez, señalado como el mejor goleador mexicano de todos los tiempos, "no conquistó Europa durante su primera temporada".

Su primera experiencia como titular en un partido de la Champions League fue el 14 de septiembre contra Rangers, los campeones de Escocia, en la fase de grupos. En un partido que se disputó en casa, los Rangers, un equipo subestimado, utilizaron una estrategia ultradefensiva para de algún modo cortar a Chicharito y al United durante todo el encuentro, que terminó en un empate sin goles. Tampoco participó en el siguiente juego, en el que Berbatov ayudó a vencer al Liverpool 3-2 por medio de un triplete, pero unos días después figuró en la alineación en un encuentro de la Carling Cup —en la cual participan los jugadores sustitutos— en Scunthorpe, donde una vez más no anotó.

Aunque apenas estaba jugando sus primeros partidos, las expectativas que su desempeño había generado durante la pretemporada comenzaban a languidecer. Tras haber marcado un solo gol en el Community Shield, Hernández no despertaba entusiasmo entre la afición.

La nueva contratación estuvo ausente de nuevo en el siguiente encuentro de la Premier League contra el Bolton, pero participó contra el Valencia en un juego clave de la Champions League en Mestalla, el 29 de septiembre de 2010.

La escuadra valenciana lideraba la Premier League y se encontraba en plena forma. Resultó ser una gran contendiente y la escuadra con más oportunidades de anotar. Los mejores jugadores del partido habían sido el delantero Roberto Soldado y el extremo Pablo Hernández. Chicharito entró en lugar de Anderson en el minuto 77. Seis minutos después recibió un pase de Nani, y su disparo se estrelló contra el travesaño. En el minuto 85 entró Federico Macheda por Berbatov. El joven italiano hizo un pase desde el extremo de la cancha a Macheda y éste, a Chicharito. Tras un fantástico primer toque para estabilizarse y un latigazo de zurda que superó al portero César Sánchez, el balón entró por el extremo inferior derecho del arco. La afición local se quedó en silencio cuando el demoledor sustituto mexicano, comparable con Solskjær, completó una jugada perfecta, digna del futbol europeo.

Esa noche, los más de dos mil aficionados del United que viajaron a la tercera ciudad más importante de España para presenciar el encuentro sólo hablaban de las increíbles posibilidades que tendría su equipo con Hernández. Los otros jugadores estaban de acuerdo.

"Nos defendimos como equipo y anotamos en el contraataque —afirmó Rio Ferdinand—. Chicha entró a demostrarnos su valía."

"Estoy muy feliz por este gol —declaró Chicharito con una sonrisa— pero me alegra más el resultado. La Champions League es el torneo más importante del mundo y ha sido grandioso haber hecho mi primera anotación en él. También nos mantuvimos sin goles en contra y estamos liderando el grupo. Estoy muy contento."

En el siguiente partido como visitante regresó a la banca, en un empate a ceros contra el Sunderland, pero de nuevo fue titular contra el West Brom en Old Trafford, el 16 de octubre, y demostró que iba encontrando su ritmo al anotar su tercer tanto para el United, tras recuperar el balón a cinco metros de la portería, después de un tiro libre de Nani.

Durante ese mes Hernández sería titular una semana y sustituto la siguiente. Participó como suplente en el partido contra el campeón turco Bursaspor en tierra inglesa, pero su mejor actuación hasta la fecha fue en el siguiente partido, de visita contra Stoke City.

El Manchester United había empatado en los cuatro partidos de la liga que había disputado como visitante, lo que no es deseable para una escuadra que desea ganar la Premier League, sobre todo porque el Chelsea acumulaba victorias. Había sido una semana muy complicada en Old Trafford, pues Wayne Rooney había pedido una transferencia, con el argumento de la falta de ambición del United para atraer a los mejores jugadores del mundo, aunque al final cambiaría de idea.

Mientras el número 10 del United observaba el partido desde una tumbona en Dubai, otros críticos calificaban a Hernández como un fichaje de poca monta, más que como uno de los grandes a los que se refería Rooney.

Chicharito les haría tragarse sus palabras en ese encuentro contra el Stoke, al anotar un doblete. Sería la primera victoria del United en un partido de la liga como visitante en esa temporada, con un marcador de 2-1. En el minuto 27, Nemanja Vidić cabeceó un centro de Nani hacia la portería. Con la espalda hacia el arco, el número 14 saltó y echó el torso hacia delante antes de rematar enérgicamente el balón con la nuca y anotar. Fue un gol brillante, poco convencional, que salió casi de la nada. Corrió con el escudo del United en alto hacia el extremo de la cancha, cerca de los seguidores del Stoke, quienes no ocultan su desprecio por los Red Devils.

El Stoke tiene un gran juego como local, por lo que igualó el marcador en el minuto 82. El United iba por su quinto empate consecutivo como visitante... hasta que Hernández hizo la espectacular anotación de la victoria en el minuto 87, tras llevar de manera instintiva un centro de Patrice Évra a la portería, desde una distancia de poco más de cuatro metros, justo enfrente de los tres mil seguidores del United. Sin duda fue la mejor celebración de la temporada hasta el momento: una afición eufórica se desbordó hacia la cancha. Y, al igual que el Valencia un mes atrás, el Stoke se hallaba demasiado aturdido para reaccionar.

Había ganado un juego vital para su equipo y se convirtió en un héroe esa tarde.

"Javier merecía los goles porque se ha esforzado mucho desde que llegó al club —declaró Gary Neville—. Es fuerte, al haber crecido en México —agregó—, pero, en mi opinión, lo que lo distingue es su ritmo de trabajo diario. Tiene el talento y los atributos necesarios, lo cual es fundamental si se desea entrar a este club, pero su ritmo de trabajo es fenomenal, y es uno de los jugadores jóvenes más emocionantes que he visto en este equipo en mucho tiempo."

Hernández estaba complacido pero, con su modestia habitual, desvió los halagos hacia sus compañeros. Al preguntársele si la primera anotación había sido mera suerte, contestó:

"El equipo le ha demostrado su apoyo y le ha dado una calurosa bienvenida al club. Creo que tiene un gran futuro con nosotros."
Sir Alex Ferguson

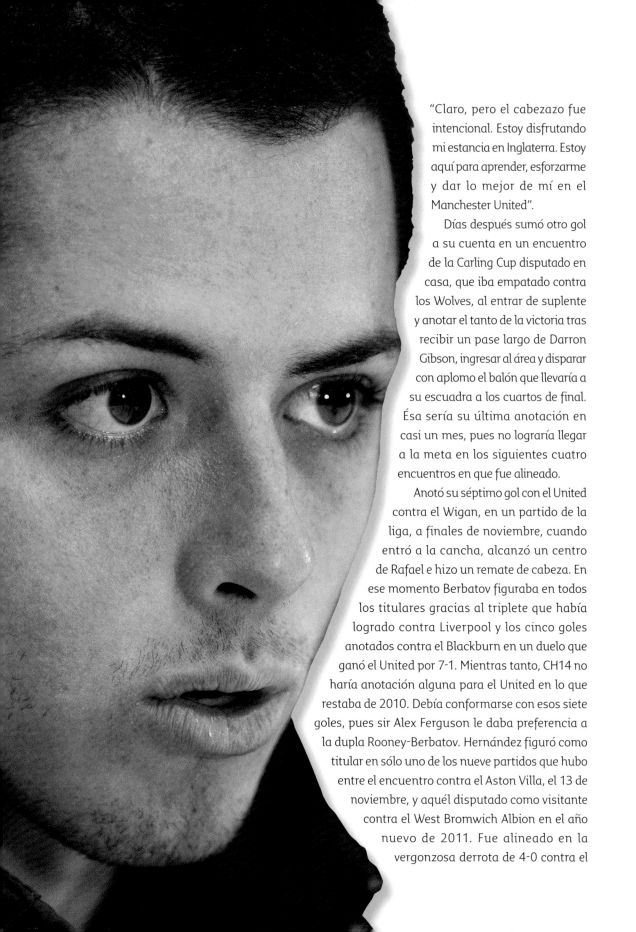

"Claro, pero el cabezazo fue intencional. Estoy disfrutando mi estancia en Inglaterra. Estoy aquí para aprender, esforzarme y dar lo mejor de mí en el Manchester United".

Días después sumó otro gol a su cuenta en un encuentro de la Carling Cup disputado en casa, que iba empatado contra los Wolves, al entrar de suplente y anotar el tanto de la victoria tras recibir un pase largo de Darron Gibson, ingresar al área y disparar con aplomo el balón que llevaría a su escuadra a los cuartos de final. Ésa sería su última anotación en casi un mes, pues no lograría llegar a la meta en los siguientes cuatro encuentros en que fue alineado.

Anotó su séptimo gol con el United contra el Wigan, en un partido de la liga, a finales de noviembre, cuando entró a la cancha, alcanzó un centro de Rafael e hizo un remate de cabeza. En ese momento Berbatov figuraba en todos los titulares gracias al triplete que había logrado contra Liverpool y los cinco goles anotados contra el Blackburn en un duelo que ganó el United por 7-1. Mientras tanto, CH14 no haría anotación alguna para el United en lo que restaba de 2010. Debía conformarse con esos siete goles, pues sir Alex Ferguson le daba preferencia a la dupla Rooney-Berbatov. Hernández figuró como titular en sólo uno de los nueve partidos que hubo entre el encuentro contra el Aston Villa, el 13 de noviembre, y aquél disputado como visitante contra el West Bromwich Albion en el año nuevo de 2011. Fue alineado en la vergonzosa derrota de 4-0 contra el

West Ham, la primera de la temporada, en un encuentro de la Carling Cup jugado como visitante.

Sin embargo, el partido contra el West Brom tenía importancia. Era el último jugado por Gary Neville para el Manchester United, y el primer gol del partido fue el primero marcado por Rooney a partir de una jugada desde marzo del año anterior. Pero al día siguiente Chicharito acaparó los reflectores en los periódicos.

El juego del United era deficiente, y el equipo parecía desarticulado, cuando el mexicano, que había pasado su primera Navidad lejos de casa, entró por Berbatov en el minuto 60. Con un marcador empatado a uno, Chicharito esquivó al portero para anotar de cabezazo un tiro de esquina de Rooney hacia el primer palo. El gol le dio una victoria inmerecida al United. "Siempre que Chicha sale de la banca sabe posicionarse bien —declaró Rio Ferdinand—, y eso es justo lo que hizo hoy."

¿Rooney y Chicharito? Ésa se volvería una mancuerna clave en la búsqueda de United por obtener su decimonoveno título de la liga, el cual parecía improbable porque, a pesar de ser formidables como locales, como visitantes eran imprecisos. La victoria en el Hawthorns fue apenas la segunda de la temporada en un partido de visita. En ambas, Chicharito había sido responsable de los espectaculares y vitales goles que definieron los encuentros.

Esa última anotación le mereció a Chicharito ser titular en el siguiente partido en casa contra el Stoke, equipo al que había aniquilado unos meses antes. La situación en la liga se había inclinado a favor de un United que fallaba tiros desde el otoño, puesto que el desempeño del prolífico Chelsea, el actual líder, sufría un alarmante deterioro.

Hernández le dio al United la delantera al minuto 27 con un brillante gol de taco, a pesar de la apremiante presión de la defensa del Stoke. Berbatov le hizo un pase a Nani por la derecha, y el extremo portugués, uno de los mejores jugadores del equipo durante la temporada, hizo un centro por debajo hacia el área chica, que el mexicano se pasó con confianza entre las piernas y envió a la esquina de la red. Los aficionados compararon esta anotación con otra grandiosa consumada por Lee Sharpe contra el Barcelona en 1994.

"Con destreza, Hernández recibió un centro de Nani en el extremo del área y, con el pie izquierdo, disparó una imparable bomba que rebasó a Asmir Begović, quien se aventó con desesperación", reseñó con entusiasmo la BBC.

"[El United] ha sido bendecido con jugadores que pueden hacer que ocurran cosas extraordinarias en días comunes y corrientes —publicó *The Guardian*—. Ambos goles fueron excepcionales, de formas muy diferentes: el de Hernández por su ingenio a corta distancia y el de Nani por la pericia de su disparo largo.

"Hernández fue una gema particular: un audaz y elegante gol de taco se agregó a la cuenta de su primera temporada en el futbol inglés. No es el primer jugador que anota con una jugada de este tipo, pero sigue siendo una rareza y, por ello, merece todos los elogios que recibirá."

Su cuenta iba ahora en nueve goles, seis más que Rooney, a pesar de no haber sido

Esta victoria posicionó al United a la cabeza en la liga, tres puntos por encima del Manchester City. La afición comenzaba a pensar que, a medida que Hernández desarrollaba su habilidad para anotar, el récord del decimonoveno título estaba más cerca. Además, el actual campeón, el Chelsea, se encontraba nueve puntos por debajo del United. Los Red Devils no habían sido derrotados en 20 partidos de la liga hasta ese momento.

Días después Hernández mantuvo su lugar para el encuentro de tercera ronda de la FA Cup contra el Liverpool, que había renovado el contrato de su técnico, la leyenda del club, Kenny Dalglish. El encuentro se disputó en casa. El United había sido eliminado por el Leeds United, escuadra de tercera división, en el mismo lugar durante la temporada anterior. Que ocurriera lo mismo con su principal rival, en casa, en las primeras etapas y por segunda temporada consecutiva, resultaba impensable. Por fortuna, un penalti controversial de Ryan Giggs en el minuto dos hizo la diferencia entre ambos bandos.

Chicharito no fue alineado en ninguno de los siguientes tres partidos, aunque anotó un gol crucial contra el Blackpool tras remplazar a Rooney en el minuto 66, después de un caótico medio tiempo en que el United iba dos goles por debajo de su rival.

El impacto del número 14 fue casi inmediato, ya que formó parte de la anotación de dos tantos que permitieron el empate. A los cinco minutos, frente a frente con el arquero Kingson, éste bloqueó su intento.

Berbatov anotó el primero de volea, antes de que Chicharito saliera de la trampa de fuera de lugar y alcanzara un pase de Giggs, dirigiendo el esférico con una precisión casi clínica hacia las redes, desde una distancia de 16 metros, para lograr el empate. Un segundo gol de Berbatov le dio al United otra gran victoria, que le permitió seguir en la cima de la tabla. Cuando el equipo necesitaba un impulso, el joven mexicano se lo había proporcionado con su décima anotación de la temporada.

Con respecto a si sus movimientos en el área eran intuitivos, Hernández contestó: "Creo que me vienen de tanto mirar futbol. Amo este deporte. Si hay un partido en la televisión lo veo, sin importar quién esté jugando o de qué liga se trate. En vez de ver películas en mi tiempo libre, me siento a ver futbol. Y cuando lo hago analizo a otros jugadores y pienso en mi propio juego. Recuerden que estoy en una liga muy exigente a nivel físico. No soy el más alto ni el más fuerte, así que no tiene caso que trate de competir en esas áreas. Necesito aprovechar otras de mis habilidades y talentos para enfrentar de mejor forma a los defensas".

Su decimoprimer gol fue el primero que anotó en la FA Cup. En esta ocasión se encontraba a su lado un delantero con el que no había hecho mancuerna antes: Michael Owen. El Southampton, equipo de tercera división contra el que se enfrentaba, estaba minando su estatus al llevar la ventaja de 1-0 en la primera mitad. Owen logró el empate en el minuto 65 y Hernández consiguió un estupendo gol del triunfo, a una distancia de siete metros, con un pase largo de Giggs. El vínculo entre el galés veterano y el goleador mexicano resultaba bastante fructífero para el United a finales de enero. Otro partido, otro gol de la victoria para Chicharito.

Los siguientes tres encuentros permaneció en la banca. Quedaba una tercera parte de la temporada y Hernández sólo había sido alineado en siete de los 26 partidos de la liga, muy por debajo de las estadísticas de Rooney y Berbatov. Su estatus como extremo se modificaría en los siguientes meses, pero hubo varios momentos a lo largo del camino en los que su lugar en el United se mantenía incierto.

Chicharito fue titular en la quinta ronda de la FA Cup en casa, contra un equipo que no es de la liga: el Crawley Town. Sin embargo, el desempeño del United fue poco memorable, pues a duras penas logró el 1-0.

Su siguiente partido fue como visitante contra el Wigan, el 26 de febrero. Se disputó tres días después de un desgastante viaje a Marsella, lo que implicaba que Berbatov se quedaría en la banca, mientras que Chicha y Rooney harían dupla en la delantera en el estadio DW. Es posible que Ferguson tuviera en mente uno de los principales encuentros de la liga que se jugaría tres días después. En este momento se pondría a prueba la rotación de la escuadra, aunque Chicharito seguía sin ser titular, a diferencia de Rooney, Nemanja Vidić o Patrice Évra.

La victoria 4-0 no fue sorprendente. Los Red Devils se habían enfrentado al Wigan en 13 ocasiones desde 2005 y los habían vencido cada vez; aun así, el marcador era engañoso, puesto que el Wigan dio varias oportunidades que el United no logró convertir. Hernández estaba en su elemento y anotó los dos goles que abrieron el marcador. El primero al minuto 17, cuando corrió hacia el poste para alcanzar un centro de Nani. Se compenetró con el balón y lo controló con agilidad, para luego hacer un toque que eludiría al guardameta Ali Al Habsi desde un ángulo cerrado.

"Fue una excelente definición, pero eso es para lo que es bueno —declaró Ferguson—. Su porcentaje [de convertir oportunidades] es muy alto."

También era una respuesta a aquellos que argumentaban que no parecía ser tan peligroso como titular, afirmación que siempre se hacía de Solskjær, quien se desempeñaba mejor hacia el final de los partidos, cuando la defensa rival se había cansado.

Una pared con Rooney le permitió a Chicharito anotar el segundo en el minuto 74.

Despejó en la dirección de Rooney y se habilitó con inteligencia para recibir un brillante pase filtrado. Tuvo el tiempo y la compostura necesarios para colocarse a casi 15 metros de la portería y realizar un disparo que rebasaría a Al Habsi.

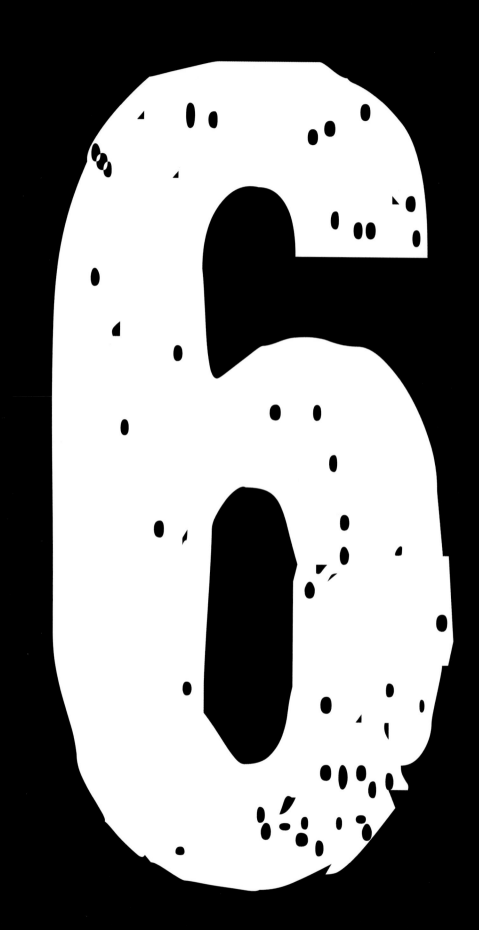

EL MOMENTO CRUCIAL

el momento crucial

Hernández había justificado su inclusión en la alineación y quizá el técnico vio algo diferente en la forma en que se combinó con Rooney ese día. Las mancuernas pueden comenzar a funcionar en momentos distintos. Andy Cole y Dwight Jones, la dupla que llevaría al United a obtener el triplete en 1999, hicieron clic justo una tarde en Southampton. En el caso de Rooney y Chicharito, esto ocurrió en Wigan.

La prueba de que Ferguson creía que habían encajado como mancuerna se hizo patente tres días después, cuando, una hora antes de uno de los partidos cruciales de la liga en Stamford Bridge, se anunció que Rooney y Hernández aparecerían como delanteros titulares, mientras que el gran goleador Berbatov se quedaría en la banca.

El United perdió 2-1, con anotación de Rooney, por lo que Ferguson regresó a la dupla entre el búlgaro y el número 10 para el siguiente encuentro contra Liverpool, en Anfield. No funcionó. El United no levantó y sufrió una humillante y bien merecida derrota de 3-1. Quedó sólo con tres puntos por encima del Arsenal, que tenía el siguiente partido en sus manos.

"Cuando Chicharito entra, aporta su increíble velocidad y es una amenaza constante para la defensa. Esto los obligaba a regresar a su propia área y a darnos espacio suficiente para maniobrar."

Sir Alex Ferguson

Al igual que en marzo de 2010, los juegos más importantes habían sido difíciles y venían uno tras otro. Ferguson se refiere memorablemente a ese periodo como "el momento de la verdad". Hernández fue titular en el siguiente encuentro contra el Arsenal en Old Trafford, como parte de la sexta ronda de la FA Cup. El United venció 2-0, y aunque Chicharito no anotó, jugó un papel fundamental en ambas anotaciones, ya que Fabio y Rooney sacaron provecho de los rebotes surgidos de los disparos del mexicano. La mancuerna fue retenida por primera vez en el encuentro entre el United y el Marsella, en el partido de vuelta de octavos de final de la Champions League. Éste fue otro punto clave que dio un giro a su carrera.

Tras finalizar con un marcador a ceros en el encuentro de ida en el sur de Francia, el de Old Trafford estaba siendo meditado con cuidado. Fue una decisión difícil para Ferguson poner sus esperanzas en el mexicano en vez de hacerlo en Berbatov, quien tenía mucha más experiencia y era uno de los goleadores en la Premier League. El técnico de origen escocés consideró que el mexicano sería un mejor contrapeso para Rooney y Chicharito jugaría su partido más importante hasta entonces. Anotó dos goles, en los minutos 5 y 75, que permitieron al nervioso equipo inglés vencer a los campeones franceses. Fergie había tomado la decisión correcta.

CH14 mostró su versatilidad cuando anotó el primer tanto de un toque, tras recibir un centro de Rooney, y el segundo, al conectar un centro de Ryan Giggs muy cerca de la portería, después de eludir el marcaje. Los periódicos comenzaban a prestar atención y a sospechar que una vez más Ferguson había descubierto un diamante en bruto.

"El premio era un lugar en los cuartos de final de la Champions League, y Chicharito cumplió —se leía en los titulares del *Sun*—. Javier Hernández ha demostrado ser la apuesta de la temporada. Su doblete llevó a 16 su cuenta de esta campaña y le permitió al United pasar, aunque con dificultad, a la siguiente fase."

"Sólo el tiempo dirá cómo se desarrollará Hernández, pero las predicciones son prometedoras —publicó el *Daily Telegraph*—. Tiene una gran habilidad para la marca y un posicionamiento que Gary Lineker admiraría. Su voluntad para presionar a los defensas recuerda a la de Ian Rush. Es un definidor que sabe trabajar en equipo; sin duda, Ferguson ha comprado una estrella en ascenso por siete millones de libras. Con Rooney en el área, Hernández lideró el ataque."

El técnico del United no tardó en elogiar al héroe del doblete después del encuentro.

"Cuando lo fichamos, creímos que le llevaría tiempo ajustarse al club y que su principal rol sería el de sustituto. Las veces que salió de la banca nos ayudó a ganar algunos partidos, pero ahora se ha acoplado muy bien a la parte física del juego, así como al equipo. Ya que ha adquirido la suficiente condición, tenemos varias buenas opciones y podemos hacer muy buenos cambios."

En términos de Fergie, esto quería decir que se sentía confiado de alinearlo en su mejor equipo. Siete meses después de iniciada la temporada, el técnico de origen escocés había encontrado su combinación mágica, aunque implicara el costo de dejar fuera a su principal anotador.

Hernández y Rooney estarían juntos en la alineación por tercera vez consecutiva en el encuentro de la liga contra el Bolton, pero fue Berbatov, quien entró por Hernández en el medio tiempo, el que anotaría el gol crucial de la victoria. Dado que había perdido los últimos dos partidos de la Premier League, el United necesitaba un triunfo para seguir liderando la tabla. El búlgaro no había sido del todo olvidado, pues el United no sólo depende de dos delanteros, sino que usa cuatro o cinco por temporada.

Rooney demostró por qué es el arma principal del United en el siguiente encuentro, en el que los Red Devils remontaron contra el West Ham 4-2 en Upton Park. Rooney consiguió un triplete —y recibió una suspensión por maldecir frente a las cámaras de televisión—, pero la entrada de Hernández en el medio tiempo le dio un giro a un partido que había sido una pesadilla para el United, aun cuando no estaba jugando tan mal.

"Es una persona completamente diferente a otras. No se le puede comparar con las demás. Lo que más me ha impresionado, y esto es algo que he notado desde el momento en que lo conocí, es que se trata de alguien muy modesto."
Sir Alex Ferguson

El United iba perdiendo 2-0 cuando Ferguson se vio obligado a tomar una decisión arriesgada y meter a Hernández por Évra, y luego a Berbatov por Park Ji-Sung, en el minuto 64.

Hernández anotó el cuarto gol en seis minutos tras conectar un centro proveniente de una fuente familiar: Ryan Giggs.

"Es probable que ellos sólo hayan tenido esas dos oportunidades para anotar, pero, como íbamos perdiendo 2-0 en el medio tiempo, estábamos bajo mucha presión —declaró Ferguson con alivio, terminado el encuentro—. Sentí que debía arriesgarme. Metí a Chicharito y regresé a Giggs al sector defensivo. En ese momento pensé: 'La diferencia de goles no importa. Saquemos provecho de la situación'.

"Cuando Chicharito entra, aporta su increíble velocidad y es una amenaza constante para la defensa. Esto los obligaba a regresar a su propia área y a darnos espacio suficiente para maniobrar."

En el medio tiempo parecía que el decimonoveno título se les iba de las manos, pero el triunfo después de 90 minutos les devolvió la confianza.

El United se enfrentaría ahora al Chelsea como visitante, en el partido de ida de cuartos de final de la Champions League. Era el más importante de la temporada hasta entonces, pero su mal desempeño en Stamford Bridge no inspiraba a sus seguidores.

Como una muestra de cómo había elevado su nivel y superado todas las expectativas, Hernández fue alineado junto con Rooney. El United demostró su habilidad para imponerse, mientras el mexicano cerraba, incansable, a los jugadores del Chelsea. Aunque Rooney consiguió un vital gol de visitante, que puso a su equipo un paso más cerca de las semifinales, Hernández se mostraba satisfecho con su actuación. En el siguiente encuentro de la Premier League, disputado en casa contra el Fulham, se quedó en la banca, pero inició en

> **"Cuando llegue el momento de retirarme, podré decir con orgullo que fui uno de sus jugadores."**

el partido de vuelta contra el Chelsea. Había buenas razones para alinearlo sólo en los duelos importantes. No defraudó: marcó el primer gol en el minuto 43, el cual disminuyó las posibilidades del Chelsea de empatar. La anotación llegó después de que John O'Shea abrió la banda para que Giggs le centrara a Hernández y éste, a su vez, consumara la anotación con su instinto goleador. La euforia se desató entre los aficionados en Old Trafford, deseosos de acompañar a su equipo a Alemania para el encuentro contra el Schalke 04.

"Hernández fue enérgico y amenazante —escribió la BBC—, en comparación con Torres, quien parecía perdido."

"Chicharito: una ganga —publicaba *The Guardian* al elogiar su juego—. Chicharito vale más de lo que costó, y se vislumbra como uno de los mejores fichajes junto con Peter Schmeichel, Éric Cantona y Ole Gunnar Solskjær."

Cuando se le preguntó sobre la relación con su jefe, respondió: "Es una persona completamente diferente a otras. No se le puede comparar con las demás. Lo que más me ha impresionado, y esto es algo que he notado desde el momento en que lo conocí, es que se trata de alguien muy modesto.

"Se puede hablar con él de todos los títulos que ha ganado y del tiempo que lleva como técnico, pero esto no es evidente si sólo lo ves en la banca. Para él, cada juego es como el primero. Se emociona, se entusiasma. Es muy grande su deseo de ganar. Ésa es la clave. Nunca se aburre de ganar y disfruta lo que hace.

"No sólo eso: Ferguson nunca olvida que sus jugadores son personas y no simples engranes de una máquina. Todos los días me pregunta cómo me siento, si estoy bien o si necesito algo. Es increíble. Reconoce que primero somos personas y luego futbolistas."

Era evidente su satisfacción mientras agregaba: "El Manchester United es el mejor club del mundo, y cualquiera desearía pertenecer a él; pero ser parte de uno de los equipos de sir Alex Ferguson es un gran reto. Espero que siga siendo así durante muchos años; cuando llegue el momento de retirarme, podré decir con orgullo que fui uno de sus jugadores".

El United no podía bajar la guardia por un instante. El ascendente Manchester City sería su siguiente rival en la semifinal de la FA Cup en Wembley. Hernández no empezó, pero dos fallas de Berbatov estuvieron a su favor. ¿Podía confiarse en el búlgaro en aquellos encuentros tan vitales, en los que el United podía tener acaso una sola oportunidad?, se preguntaban los aficionados, cabizbajos, mientras salían del Wembley, derrotados por el City 1-0. No conseguirían el triplete esa temporada.

Los ánimos mejorarían cuando Hernández consiguió su decimonovena anotación de la temporada contra el Everton, bajo circunstancias dramáticas, el 23 de abril de 2011. Chicha iniciaría con Rooney al frente de un equipo nervioso de confrontar a un Everton en forma que en un encuentro previo de la temporada, en Goodison, los contuvo. El United necesitaba ganar, pero parecía dirigirse hacia un indeseable empate cuando Hernández hizo un cabezazo que Tim Howard desvió nueve minutos antes de finalizar el cotejo. Se acababa el tiempo, pero el mexicano sólo necesitaba un segundo para anotar. Su contribución, en el minuto 84, fue un cabezazo contundente al segundo poste tras un centro de Antonio Valencia. Sus reflejos fueron increíbles, ya que el balón se había desviado en Sylvain Distin. El United estaba nueve puntos por encima de sus rivales por el título, el Arsenal y el Chelsea. El hijo consentido de Guadalajara era de nueva cuenta el causante.

Al finalizar el encuentro, concedió una entrevista en la que lo describió como "un resultado maravilloso". A modo de precaución, agregó: "Debemos ir partido por partido".

Chicha también fungió como intérprete de Anderson, cuyo dominio del inglés seguía siendo limitado después de tres años en el Manchester United. Fue un momento cómico, pues el entrevistador preguntó en inglés, Hernández tradujo al español, Anderson contestó en portugués y Hernández reprodujo su respuesta en inglés.

"Es increíble. Es más de lo que podría haber imaginado y estoy muy contento. Había soñado con este momento. Sin duda estoy con el mejor equipo del mundo."

"El muchacho es un goleador nato —declaró Ferguson—. Es increíblemente rápido y ambidiestro. Su juego aéreo es grandioso."

Hernández y Rooney harían mancuerna de nuevo contra el Schalke 04 en el partido de ida de la semifinal de la Champions League. Sobre Hernández, Rooney comentó: "Ha abarcado todo de una zancada. Es un chico encantador que sonríe todo el tiempo en los vestidores, y en la cancha ha sido excelente. Es evidente que tiene un don natural para anotar, pero lo que nos sorprendió a muchos fue su juego aéreo. Pasa mucho tiempo practicando después de los entrenamientos y ha resultado ser un gran elemento en esta temporada".

En la semifinal del torneo de clubes más importante del mundo, el United dominó por completo a la escuadra alemana y venció 2-0, con una asistencia de Hernández para Rooney en el segundo gol. Los Red Devils eran ahora los favoritos para disputar su tercera final en cuatro años, ya fuera contra el Barcelona o contra el Real Madrid, que literalmente libraban una batalla de 180 minutos en España.

Días después, el United perdió puntos contra el Arsenal a consecuencia del desgaste del partido previo. Luego venció con facilidad al Schalke 04 en casa, con un marcador de 4-1, en un encuentro en que Chicharito descansó. De no haber tenido esa diferencia de dos goles en el partido de ida, Hernández habría sido alineado sin duda. Ahora que era titular descansaría cuando fuera apropiado, ya que ninguno de los siguientes encuentros sería sencillo. El Chelsea, sus oponentes más cercanos en la liga, creían que podían causar un daño grave a la temporada del United en Old Trafford. John Terry, capitán del Chelsea, declaró que su equipo se encontraba en forma y había resurgido, y que podía derrotar al United en Trafford y arrebatarle el título.

Pero sólo era un sueño guajiro. La maravillosa y equilibrada mancuerna Rooney-Hernández lideraría el ataque. El United se puso a la cabeza sólo 36 segundos después de iniciado el encuentro, cuando Chicharito recibió un pase de Park.

"El United dio lo mejor de sí, desplazándose con agilidad y habilidad y dando a su oponente poco espacio para hacer una barrera significativa —escribió el *Daily Telegraph*—. Giggs le dio un pase a Park, quien permitió que el balón pasara por enfrente de él para después tirar. El Chelsea tenía un fragmento de segundo para contener el torbellino, para mantener vivo el sueño del título. Lo dejó pasar. David Luiz debió haber interceptado el tiro de Park. Lo dejó pasar.

"Pero Hernández no. Con un movimiento de hombros fintó a Petr Čech y, con un disparo de derecha, envió el esférico directo hacia las redes, lo que provocó un rugido casi gutural de los seguidores del United. Era la mayor distancia desde la cual el mexicano había anotado cualquiera de sus 20 goles. El United venció 2-1. El título estaba prácticamente en sus manos, pues sólo necesitaba un punto y aún tenía dos partidos por delante. También estaba a sólo un paso de romper el récord de títulos de la liga y de lograr el objetivo de Alex Ferguson de "bajar" al Liverpool de su pedestal. Cuando Ferguson entró al United, en noviembre de 1986, el equipo sólo tenía siete

títulos de liga, frente a los 16 del Liverpool. Su principal rival obtuvo dos títulos más antes de que el United comenzara a dominar el futbol inglés, en 1993.

Una semana después, ganaron la Premier League en Ewood Park, con Hernández y Rooney al frente. Los Red Devils iban perdiendo por un gol cuando, en el minuto 70, Paul Robinson le hizo una falta inoportuna a Chicharito que le concedió un penalti. Fue un golpe de suerte para el United porque, aunque Robinson hizo contacto con el delantero, el número 14 había pateado el balón y tenía pocas oportunidades de alcanzarlo. Steve Kean, técnico del Blackburn, afirmaba que Hernández "se cayó antes de que el portero lo alcanzara". Nada de esto importó; Rooney convirtió el penalti y el United se coronó campeón.

Los jugadores celebraron en la cancha frente a siete mil aficionados del United —muchos de los cuales traían puestos sombreros mexicanos a modo de tributo— que festejaban en la tribuna del Darwen End.

En entrevista desde el terreno de juego para las cámaras de Sky TV, Chicharito declaró: "Es increíble. Es más de lo que podría haber imaginado y estoy muy contento. Había soñado con este momento. Sin duda estoy con el mejor equipo del mundo".

De nuevo descansó en el partido que ganó contra el Blackpool —al que relegaron— en el último encuentro de la liga. Toda su atención estaba puesta en la final de la Champions League contra el Barcelona. El United estaba por coronarse campeón y prefería no arriesgar a jugadores como Chicharito. En una entrevista que concedió una semana antes de la final en Wembley, Hernández expresó de nueva cuenta su gratitud hacia sir Alex Ferguson.

"Es un chico encantador que sonríe todo el tiempo en los vestidores, y en la cancha ha sido excelente."
Wayne Rooney

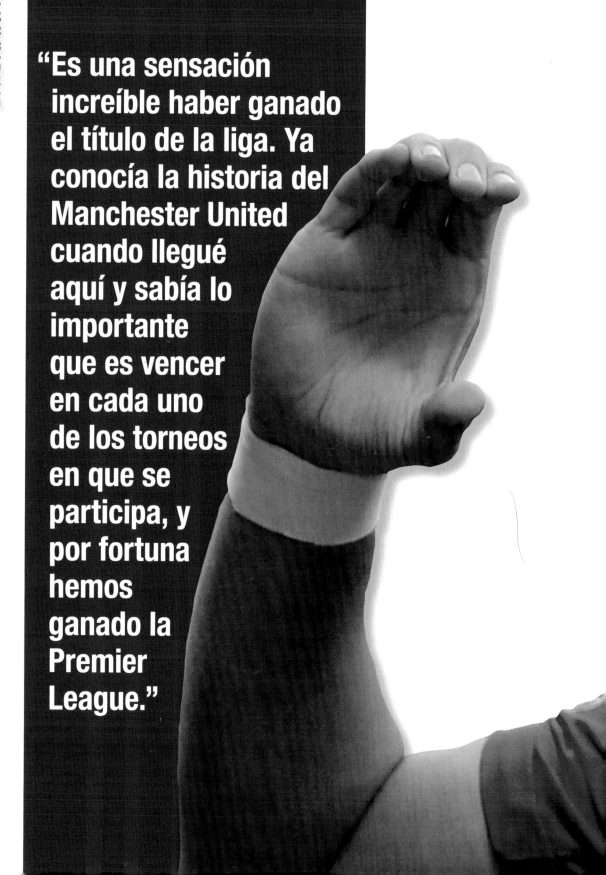

"Es una sensación increíble haber ganado el título de la liga. Ya conocía la historia del Manchester United cuando llegué aquí y sabía lo importante que es vencer en cada uno de los torneos en que se participa, y por fortuna hemos ganado la Premier League."

"El entrenador siempre ve por mí —explicó—. Dado que es mi primer año lejos de casa, está al pendiente de mi bienestar y felicidad. Cuando hay partidos o entrenamientos me hace recomendaciones. Me dice: 'Deberías moverte de esta forma', o me explica los movimientos. Son muchas sus sugerencias, por lo que procuro ser como una esponja y absorberlas todas."

Con respecto al secreto de su éxito, comentó: "El secreto del éxito en la vida es el trabajo arduo. También procuro esforzarme más en la parte física porque no soy un jugador muy fuerte por naturaleza, ni soy muy alto. Por aquí han pasado muchos grandes jugadores, por lo que siempre hay que dar un poco más.

"Es sencillo jugar aquí, puesto que todos los delanteros son de clase mundial; no sólo Rooney, sino todos los demás. Eso es evidente en su juego; pero lo más importante no son los individuos, sino el triunfo del equipo.

"El futbol es mi vida y sé que para mis compañeros de equipo también. Es nuestra vida; somos unos apasionados del deporte. Es increíble terminar mi primera temporada con mi nuevo club disputando la final de la Champions League en Wembley."

Sería una repetición de la final de 2009, la cual ganaron los catalanes merecidamente. El Barça era el favorito. Su estrella, Lionel Messi, nombró a Chicharito el "jugador peligroso" del United. El mejor jugador del mundo le hizo un honor al reconocerlo.

Chicharito sería apenas el segundo mexicano después de Rafael Márquez en jugar una final de la Champions League. La posibilidad era maravillosa; sin embargo, el United fue abatido de nuevo en una derrota por 3-1 que sobrepasó a Hernández. Quizá fue demasiado para él, pues su primera temporada en Old Trafford había sido muy agitada. El Barcelona jugó excelente y demostró su estatus como el mejor equipo del mundo al vencer al United por segunda vez en tres años en una final de la Champions League. El United era el mejor en Inglaterra; el Barcelona, en España y el mundo. Con impotencia, Chicharito vio a los mejores futbolistas —estrellas como Lionel Messi, Xavi Hernández y Andrés Iniesta— dominar el juego y prácticamente entretenerse con el United. A pesar de esto no se desanimó, sino que encontró la fuerza en la adversidad.

Vestido de traje, declaró en la zona mixta después del partido: "Fue una lección de la que debemos aprender. Debemos reconocer que el Barça es el mejor equipo del mundo, pero seguiremos adelante. Es lo que siempre hemos hecho a lo largo de la historia de este club".

Hernández hizo 20 anotaciones durante su primera temporada en Inglaterra, casi un gol por cada dos partidos, muchos de los cuales fueron como suplente. La mayoría de ellos fueron en los últimos 15 minutos de los encuentros, y nueve de los 20 fueron goles decisivos.

Pero eso no es todo. En una temporada en que el United batió el récord, al obtener su decimonoveno título y llegar a la final de la Champions League por tercera vez en cuatro años, Chicharito fue el único jugador que anotaría en cada uno de los cinco torneos en que participó el equipo. Hizo 13 anotaciones en partidos de la liga, cuatro en la Champions League, una en la FA Cup, una en la Carling Cup y una en el Community Shield.

La variedad de los goles también fue gratificante. Anotó 10 de derecha, cuatro de zurda y seis de cabeza.

Quizá muchos no fueron espectaculares, pero sí letales, al tratarse de disparos pegados a los postes. Sus movimientos en el área grande también fueron peligrosos, pues realizó varios intentos a corta distancia. La mitad de las anotaciones las hizo dentro del área chica y la otra mitad desde la grande. Ni una sola de ellas se realizó fuera de éstas. Chicharito es un gran depredador, al igual que Ruud van Nistelrooy y Gary Lineker.

Su cuenta resulta aún más impresionante si se considera que sólo fue titular en 15 de los 38 partidos de la liga. Diez de los jugadores formaron parte de la alineación en más encuentros que él, pero fue tanta su influencia en otros torneos y al entrar como suplente que en total participó en 45 encuentros durante su primera temporada. Chicharito ya no era el futuro del United, sino el aquí y el ahora. Con 20 goles en la temporada, se quedó uno por debajo de Berbatov, el goleador estrella, y cuatro por encima de Rooney.

Los aficionados del United lo honraron al votar por él para el premio Sir Matt Busby al mejor jugador del año. Chicharito obtuvo 21% de los votos y dejó a Nani en segundo lugar, con 20%, y al capitán Nemanja Vidić, con 16%. Gary Neville le otorgó la presea durante una velada especial en Old Trafford y Hernández se convirtió en el sexto jugador en ganar este premio al final de su primera temporada, después de Brian McClair en 1998, Gary Pallister en 1990, Ruud van Nistelrooy en 2002, Cristiano Ronaldo en 2004 y Gabriel Heinze en 2005.

"Tengo mucho que agradecerle a los aficionados —declaró—. Me han ayudado mucho. Creo que fue una decisión difícil y pienso que no lo merezco, puesto que no he sido el único que ha jugado bien. Somos un equipo.

"También agradezco mucho a mi familia, que me siguió hasta Inglaterra y me brindó todo su apoyo. Agradezco también el impulso del técnico, de mis compañeros de equipo, de los entrenadores y de todo el personal del club, quienes me han hecho sentirme feliz y en casa.

"Soñaba con jugar para el Manchester United, y creía que en mi primera temporada sólo lo haría para las reservas y quizá unos cuantos minutos para el primer equipo. Pero gracias a Ferguson y a mis compañeros de equipo jugué un poco más.

"Es una sensación increíble haber ganado el título de la liga. Ya conocía la historia del Manchester United cuando llegué aquí y sabía lo importante que es vencer en cada uno de los torneos en que se participa, y por fortuna hemos ganado la Premier League."

Para Javier Hernández, Chicharito, fue un maravilloso primer año, pero con su increíble talento y compromiso sólo se pueden vislumbrar más triunfos en el futuro.

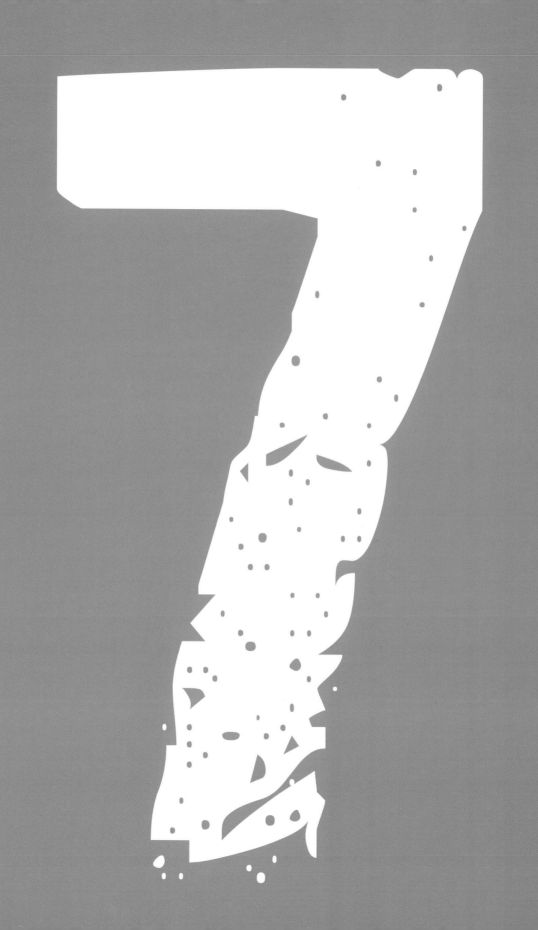

VOLVER
AL
FUTURO

volver al futuro

Javier Hernández no tuvo mucho tiempo para lidiar con los sentimientos encontrados que le generaban el triunfo del decimonoveno título y la devastadora decepción de la derrota en la final de la Champions League en Wembley. En el verano de 2011, Chicha se enfrentaría a un nuevo desafío con México: la Copa de Oro de la Concacaf, que es el torneo regional del norte del continente equivalente a la Copa América o a la Eurocopa.

Los mexicanos aún digerían el éxito de la gran primera temporada de Chicharito en Manchester y esperaban con ansias el campeonato cuando se le preguntó a Tomás Balcázar, el abuelo de Javi, cómo se había convertido su nieto de repente en el jugador mexicano más famoso del mundo en ese momento.

"Tiene un gran físico y sabe cómo usarlo. ¿Qué caso tiene ser muy musculoso si eso te hace más lento? —afirmó—. Se mueve con la velocidad y la fuerza que se requiere en las ligas europeas. Le decía a su padre que Chicharito hace unos movimientos diagonales que nunca había visto en un jugador mexicano. Los hace sin importarle si obtiene o no el balón, porque así le quita el marcaje a alguno de sus compañeros."

Con respecto a si notaba alguna similitud entre la forma de jugar de su nieto y la de su hijo o la suya propia, comentó: "Sin duda. En los remates de cabeza y en sus saltos. Su padre mide apenas poco más de metro y medio. A pesar de su baja estatura, saltaba para dar un cabezazo y parecía estar suspendido en el aire como por un cable".

Por primera vez, Chicharito se había convertido en el jugador mexicano internacional clave, a medida que estaba más cerca la Copa de Oro.

México era uno de los 12 países competidores, junto con el anfitrión, Estados Unidos, y equipos como Honduras, Canadá y Cuba. Quizá no está al mismo nivel que un torneo europeo o sudamericano, pero las naciones participantes se lo toman muy en serio e incluso en varios encuentros del campeonato los inmensos estadios estadounidenses alcanzaron la capacidad máxima de espectadores.

Los preparativos en la escuadra mexicana no iban del todo bien, pues cinco de sus jugadores dieron positivo por clembuterol, un fármaco para mejorar el desempeño. Afirmaban que era porque habían consumido alimentos contaminados.

Cuando México comenzó su participación en el torneo, el 5 de junio, frente a 80 108 espectadores, en el impresionante estadio de los Dallas Cowboys, venció a El Salvador por 5-0 gracias a un sensacional triplete de Hernández en los últimos 30 minutos. Cuatro días después consiguió un doblete, en otra victoria 5-0, esta vez contra Cuba, y otro gol en una victoria 2-1 en cuartos de final contra Guatemala, en Nueva Jersey.

Las semifinales confrontaron al Tri y a Honduras, equipo que también había participado en el Mundial, frente a 70 000 espectadores en el estadio Reliant de Houston. Tras un empate a cero al final de los 90 minutos, México realizó dos anotaciones en tiempos extra, la segunda de Chicharito, en el minuto 99. México había pasado a la final, en la que se enfrentaría al anfitrión y viejo rival de la escuadra tricolor, Estados Unidos, en el Rose Bowl.

Los 93 420 espectadores que agotaron las localidades vieron al equipo de Hernández vencer a Estados Unidos 4-2 y, aunque no estuvo en la alineación final, se coronó como el mayor goleador del torneo, con siete anotaciones, tres más que el segundo mejor jugador. También fue seleccionado en el mejor equipo del torneo y ganó el premio al mejor jugador de la copa, mientras su escuadra se mantuvo invicta.

El United deseaba que Chicharito tuviera un buen descanso después de la final de la Copa de Oro, disputada el 25 de junio. Los Red Devils viajaron a Estados Unidos dos semanas después para una gira de pretemporada de cinco partidos, pero a Hernández le dieron un mes de descanso, en el que podría disfrutar de la gloria de convertirse en una estrella del futbol mundial. Pese a la presión de los organizadores de los encuentros del United, quienes obviamente deseaban que la estrella en ascenso estuviera presente, sólo hizo apariciones en Estados Unidos en público.

De vuelta en Manchester, la cara angelical de Chicharito apareció en un anuncio espectacular gigantesco de Nike que pasaba por encima de la calle principal Chester Road, en las cercanías de Old Trafford. La cantidad de playeras del United con su nombre comenzó a igualar a las de Rooney. Los niños amaban al mexicano así como su imagen bondadosa e impecable, y deseaban ser como él.

En México, el United se convirtió en el segundo equipo extranjero más popular después del Barcelona, que por tradición ha recibido mucho apoyo por ser un equipo de una nación hispanohablante.

Es incontable el número de sitios web no oficiales dedicados a Chicharito, quien insiste en que no desea unirse a Twitter. La gente ha comenzado a llamarlo "el David Beckham mexicano", el nuevo rostro futbolístico de la publicidad. Pero a Chicharito no

"...ugar en el
...anchester
...nited ha sido
...n sueño
...echo
...ealidad."

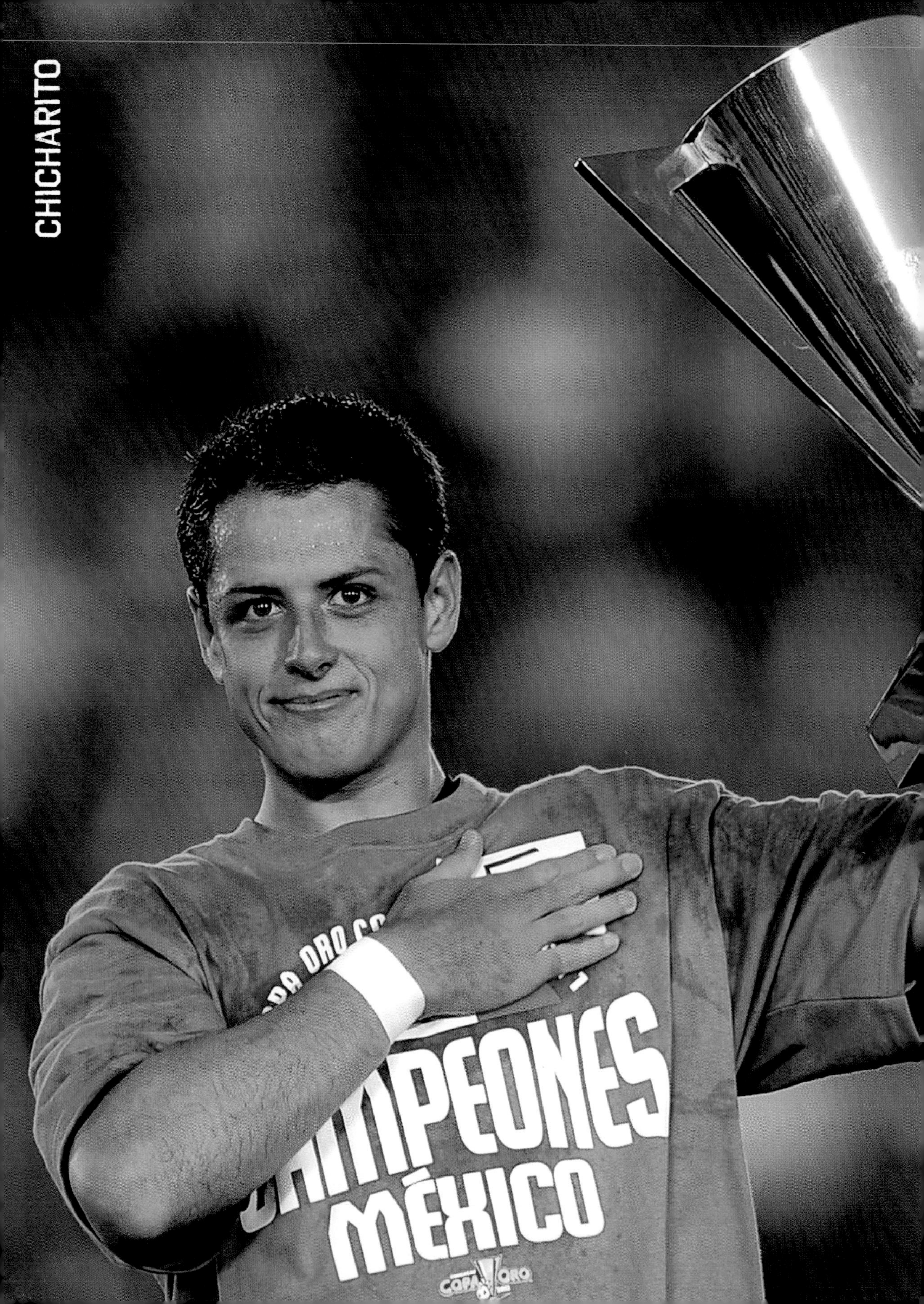
MÉXICO
COPA ORO

le importa la popularidad y prefiere que la gente se haga su propia opinión de él por lo que ve en el terreno de juego y no por lo que se dice. Siempre se muestra positivo en las entrevistas y sus comentarios en ocasiones rayan en lo insulso. Por tanto, otros se dan a la tarea de describir su personalidad, como su orgulloso abuelo, quien es y ha sido siempre su principal seguidor: "Es un chico muy callado. Ciento por ciento profesional. No bebe, ni fuma, ni se desvela. A veces ni siquiera sale al cine. Prefiere llegar a casa después del entrenamiento, comer y dormir".

Cuando el United llegó a Nueva York para los juegos de pretemporada, en julio de 2011, le preguntaron a Beckham acerca de Chicharito: "Me parece increíble cómo se ha adaptado a un país diferente y a un estilo de juego distinto —declaró el antiguo número 7 del United—. Los grandes jugadores logran hacerlo. Aún es muy joven, pero sir Alex Ferguson tiene buena reputación por darle a los chicos una oportunidad. A la gente le sorprende la forma en que ha jugado y los goles que ha anotado, pero es que ha tomado riesgos. Sin duda merece todo lo que ha logrado."

"¿Mis metas? Mejorar, seguir aprendiendo y disfrutar."

A pesar de los halagos, en el United se generaban dudas con respecto a si Chicharito firmaría un nuevo contrato. Había un fuerte rumor, infundado, de que el Real Madrid se había puesto en contacto con él, lo cual hacía rabiar a los aficionados, pues ya habían perdido a Cristiano Ronaldo en manos del Madrid, en 2009. Era pura especulación y Chicharito siguió feliz en el United. Sus compañeros también continuaron elogiándolo.

"Es un buen chico y un gran compañero con todos en los vestidores —declaró Rooney—. Juntos practicamos las definiciones después de los entrenamientos y tratamos de progresar y seguir mejorando.

"Es genial tener a alguien que recién llegó al equipo, que habla bien inglés y que siempre está sonriendo. Es maravilloso para él y para mí tener a alguien así."

Al discutir las posibilidades de que Hernández sufriera el temible "síndrome de la segunda temporada" que se da en el futbol inglés si los defensas se acostumbran a su estilo de juego, Rooney afirmó: "Claro que ahora la gente sabe de él, pero, al igual que con cualquiera de los grandes jugadores del mundo, la gente sabe cómo juegan y aun así es difícil pararlos.

"Estoy seguro de que los oponentes sabrán más de él, pero su movimiento es tan bueno que es difícil defenderse de él. No será fácil para otros jugadores defenderse, conozcan o no su juego."

Como un halago hacia el impacto inmediato que ha tenido, Rooney declaró: "Jugó su primera temporada muy joven y tal vez no creí que jugaría tantos partidos. Cuando entró al equipo, tomó su oportunidad y el técnico lo dejó quedarse. Lo compensó con goles y fue genial para nosotros esta temporada; es una gran razón por la cual ganamos la liga.

"Espero con ansias que haga lo mismo en esta temporada, si no es que más."

Chicharito habló sobre sus propios objetivos.

"¿Mis metas? —repitió—. Mejorar, seguir aprendiendo y disfrutar. Ojalá que en 10 años siga aquí, diciendo lo mismo, porque esta vida —jugar para el United— es un sueño hecho realidad y quiero seguirlo disfrutando y trabajando arduamente. Los jugadores jóvenes son más veloces y desean demostrar por qué están en el equipo. Eso sólo puede ser positivo. Pero es increíble porque hay otros jugadores que también tienen mucha experiencia."

En relación con la influencia de su padre y de su abuelo, aseveró: "Es una ventaja tenerlos en mi vida y sé que estoy siguiendo sus pasos. Me ayudan mucho en la cancha, puesto que también jugaban como delanteros, pero me han ayudado mucho más fuera de ella. Eso es lo más difícil para los jugadores jóvenes: hay mucho dinero de por medio y varias cosas pueden desequilibrarte. Empezamos muy jóvenes en esta profesión; yo ahora tengo 23 y sigo siendo joven. He tomado mucho de mis padres y las mujeres de mi familia me han ayudado a asegurarme de que me sienta igual que otras personas. No soy mejor que los demás, a pesar de mis goles, mi éxito y mis medallas".

"Algunos días me despierto y no puedo creerlo. Estoy viviendo en este gran país y jugando para el mejor equipo del mundo, en la mejor liga del mundo. Estoy muy agradecido por ello."

También se mostraba feliz en su vida privada, con Leticia Sahagún, Lety, su novia de varios años de Guadalajara, una chica guapa e inteligente que conoció antes de convertirse en una estrella.

Al día siguiente de la derrota 6-1 contra el Manchester City, disputada en casa en octubre de 2011, el United anunció que Hernández había firmado un nuevo contrato por cinco años, que implica que el delantero se quedará en Old Trafford hasta finales de la temporada 2015-2016. Se trataba de brindar una noticia alentadora a los aficionados, que en ese momento se encontraban con los ánimos muy bajos.

El día que firmó, sir Alex Ferguson declaró: "El último jugador que recuerdo que tuvo un impacto tan grande y tan rápido como Javier es Ole Gunnar Solskjær. Me recuerda mucho a él.

"Su talento para abrir espacios en el área y su capacidad para definir lo distinguen como un goleador nato. Fuera del terreno de juego es un gusto entrenarlo. Trabaja mucho y es un miembro muy popular de la escuadra."

Tras recuperarse de una lesión que, se dijo, estaba relacionada con una contusión que sufrió después de una sesión de entrenamiento de pretemporada, Chicharito comenzó bien la temporada 2011-2012, con dos anotaciones en un encuentro contra el Bolton, un gol de empate que resultó clave contra el Anfield y otro que implicó la victoria contra el Everton. Una vez que firmó su nuevo contrato, Chicharito declaró: "Jugar con el Manchester United ha sido un sueño hecho realidad. Nunca esperé que me fuera tan bien durante mi primer año y estoy feliz de comprometerme con el equipo para el futuro.

"Ganar un título y participar en la final de la Champions League fue fantástico. Espero con ansias la posibilidad de ayudar a mis compañeros de equipo mientras nos esforzamos por obtener más trofeos para este gran club.

"Algunos días me despierto y no puedo creerlo. Estoy viviendo en este gran país y jugando para el mejor equipo del mundo, en la mejor liga del mundo. Estoy muy agradecido por ello."

También lo están los aficionados del Manchester United, quienes han presenciado cómo, tras su fichaje, aquel que era un desconocido se ha convertido en una estrella internacional.

Los Red Devils están encantados con su progreso y no pueden esperar para saber qué les depara el futuro, pues Javier Hernández, Chicharito, tiene el potencial de convertirse en una leyenda del United y en el mejor jugador que haya salido de México desde Hugo Sánchez.

reconocimientos

Me gustaría dar las gracias a mi familia y amigos por su apoyo durante la redacción de *Chicharito*. Por ayudar a la investigación de este libro, también me gustaría reconocer a: *Daily Telegraph*, *Diario de Guadalajara*, *The Guardian*, *Independent*, *Inside United*, *Los Angeles Times*, *Manchester Evening News*, *Mural* (Guadalajara), *The New York Times*, *Récord* (México), *Sun*, *The Times*, *The United Review*, *United We Stand*, BBC Sport, CNN (México), ESPN (México), MUTV, chivascampeon.com, fifa.com, informador.com.mx, manutd.com, news.bbc.co.uk/sport, soccernet.espn.go.com, uefa.com y youtube.com.